教育部哲学社会科学重大攻关项目“贫困治理效果评估机制研究”
阶段性研究成果（项目批准号：16JZD025）

中国减贫政策与实践：热点评论（2017-2018）

POVERTY REDUCTION POLICIES AND PRACTICES IN CHINA:HOT SPOTS

张琦　著

经济日报出版社

图书在版编目（CIP）数据

中国减贫政策与实践：热点评论．2017－2018 / 张琦著．—北京：经济日报出版社，2019.9

ISBN 978－7－5196－0609－1

Ⅰ．①中… Ⅱ．①张… Ⅲ．①扶贫－经济政策－研究－中国 Ⅳ．①F124.7

中国版本图书馆 CIP 数据核字（2019）第 208397 号

中国减贫政策与实践：热点评论（2017—2018）

作　者	张　琦
责任编辑	黄芳芳
责任校对	徐建华
出版发行	经济日报出版社
社　址	北京市西城区白纸坊东街 2 号 A 座综合楼 710
邮政编码	100054
电　话	010－63584556（编辑部）
	010－63538621　63567692（发行部）
网　址	www.edpbook.com.cn
E－mail	edpbook@sina.com
经　销	全国新华书店
印　刷	北京建宏印刷有限公司
开　本	710×1000 毫米　1/16
印　张	11.375
字　数	175 千字
版　次	2019 年 9 月第一版
印　次	2019 年 9 月第一次印刷
书　号	ISBN 978－7－5196－0609－1
定　价	52.00 元

前 言

历史注定了我们这一代必将经历和见证，中国社会经济发展从富起来到强起来这一重要变化的每一个瞬间。2017 年—2018 年，我国脱贫攻坚已经进入最为关键时期和最有纪念意义的时刻。

一方面，党的十九大召开，确立了习近平新时代中国特色社会主义思想的历史地位和我国建设现代化强国的宏伟新蓝图。脱贫攻坚也进入到最为艰难的时刻，其中重要的是难中之难、艰中之坚的深度贫困地区，国家为此专门制定了新的战略部署和实施重点，并出台了《关于支持深度贫困地区脱贫攻坚的实施意见》，对深度贫困地区脱贫攻坚作出全面部署。应当说“三区三州”以及贫困发生率超过 18%的贫困县和贫困发生率超过 20%的贫困村，自然条件差、经济基础弱、贫困程度深，是脱贫攻坚中的硬骨头，补齐这些短板是脱贫攻坚决战决胜的关键之策。

另一方面，2018 年同样是有纪念意义的特殊年份——中国改革开放 40 周年。应当说这两年，中国脱贫攻坚的政策实践和理论研究热点，是最为丰富的新阶段。在《中国减贫政策与实践：热点评论（2013—2016）》出版后，我和我的团队，在 2017 年和 2018 年两年时间内，继续对扶贫、脱贫的热点问题进行了持续性的研究分析，从而形成了这一汇集本：主要记载了我们对中国减贫政策与实践热点问题的一点看法、思考和建议，供大家参考和批评。

目　录

第一部分　中国减贫政策与实践：月度评论（2017—2018）

第三部分　2017—2018年中国减贫政策与实践论文选载

第一部分　中国减贫政策与实践：月度评论（2017—2018）

2017 年度

打赢脱贫攻坚战，努力实现贫困地区可持续性共享发展

（2017 年 1 月国内外减贫热点专题评论）

坚持“创新、协调、绿色、开放、共享”发展理念和到 2020 年实现全面建成小康社会目标尤其是农村贫困人口全面脱贫目标，是中国“十三五”规划战略目标。而在这中间，共享发展的理念和结果，扶贫脱贫的实现以及到 2020 年后新减贫战略与未来的共享发展理念和目标实现，等等，是未来国家面临的重要的战略性决策，更是当前扶贫脱贫攻坚战过程中需要妥善解决的现实问题。

一、脱贫攻坚：践行共享发展理念是最紧迫、最艰巨任务

总结归纳共享发展的理论基础，中国特色社会主义道路的实践和 60 多年来尤其是改革开放 30 年来的实践，我们认为“共享发展是实现经济发展成果人人分享、社会保障公正公平、公共服务均等享有、减贫脱贫如期实现、绿色生态环境可持续推进的‘五大维度一体化’发展格局”。共享发展不仅仅是要让经济发展成果全民共享，更是要努力做好社会保障及公共服务均等和绿色、生态环境优越，最终实现全面脱贫和共同富裕的自然、社会、经济的可持续发展。经济发展分享程度是共享发展的基础，社会保障公平度是共享发展的制度约束，公共服务均等度是共享发展的条件，减贫脱贫实现度是共享发展的底线目标，生态环境共享度是共享发展

的底色；这五大领域共同构成了共享发展的五大维度一体化的逻辑框架。

脱贫攻坚是共享发展的逻辑延伸和重要契合点。共享发展的关键在“共同”，基础在“发展”。所谓“共同”，就不是只让部分人过上好日子，而是要着眼全体人民、普惠全体人民，归根结底是把实现全体人民的幸福作为我们一切工作的准绳。所谓“发展”，就是要夯实共享的物质基础。发展是共享的基础，共享是发展的目的，以发展消除贫困。按照“共享发展”的逻辑延伸必定需要进行脱贫攻坚，只有打赢脱贫攻坚战才能真正实现共享发展。扶贫脱贫是共享发展的一个硬指标。社会公平，包括起点公平、机会公平，但在一些局部问题上，结果公平同样不能忽视，让贫困人口脱贫，才是共享发展结果。对一些贫困人口来说，生活地理条件、自身的健康状况等，注定他们无法有起点和机会公平，但绝不能把他们抛弃在全面小康社会之外。脱贫攻坚是共享发展的内在要求和重要着力点。《中共中央国务院关于打赢脱贫攻坚战的决定》确定了脱贫攻坚的总体目标，“到 2020 年，稳定实现农村贫困人口不愁吃、不愁穿，义务教育、基本医疗和住房安全有保障。实现贫困地区农民人均可支配收入增长幅度高于全国平均水平，基本公共服务主要领域指标接近全国平均水平”。

二、贫困地区可持续性减贫的共享发展思考及建议

以发展的眼光来看待贫困问题，我国的减贫工作更是任重而道远。我们不仅需要实现减贫，更需要实现可持续性减贫。实现可持续性减贫，就是要在努力消除贫困的同时，促进经济与社会的可持续发展——“既满足当代人的需求又不损害后代人满足需求的能力”，即在提升人口素质、提高人民生活水平和保护环境、资源永续利用的前提下使经济和社会同步发展。保证减贫内在机制的可持续性和外在支撑环境的可持续性是达成这一目标的必要条件。可持续减贫已成为全面建成小康社会最艰巨的任务、促进共享发展最基本的要求。

贫困地区可持续减贫下的共享发展实现路径。第一，建立健全贫困地区可持续减贫的共享发展底线机制，即完善扶贫责任制和困难人群救助机制。第二，建立贫困地区可持续减贫共享发展的保障机制即进一步完善公共服务均等化供给机制，建立公共服务型政府。第三，建立健全贫困地区

可持续减贫的共享发展的动力机制，充分调动人人参与经济社会发展的积极性，搭建人人参与、人人尽力的平台，形成大众创业、万众创新的环境，把人力资源优势转变为经济优势，夯实共享发展的基础。第四，完善贫困地区可持续减贫的共享发展的分享机制。进一步完善收入分配和调节监管机制，规范收入分配秩序。

贫困地区可持续减贫的共享发展重点主要应包括：其一，优先发展贫困地区教育事业，加大资金投入，尽快缩小学前教育和义务教育、职业教育在城乡之间不均衡不协调。其二，实施积极的就业政策，鼓励以创业带动就业，完善就业服务体系，提高就业服务能力。其三，完善社会保障制度。在基本养老保险、基本医疗保险制度全覆盖的基础上，提高标准，扩大范围、提升比例，落实城乡公平可持续社会保障制度。其四，增加公共服务供给的均等化，尤其是增加贫困地区公共交通、基础设施、环境保护、文化等公共产品和医疗卫生、养老服务、公共安全、社会治理等公共服务的供给，提高全社会公共产品和公共服务的供给。其五，提高农村贫困户的家庭收入，切实缩小收入差距。

总而言之，推进贫困地区可持续减贫的共享发展有五大任务，就是：推进经济发展分享，实现共享发展；促进社会保障公平，加快推进城乡一体化进程；注重公共服务协调，努力推进区域、城乡基本公共服务均等化；创造生态环境共享基础保障，研究制定贫困地区“绿水青山就是金山银山”各项政策与制度；科学合理高效利用社会资源，加速减贫脱贫的实现。即包容性经济发展、公平性的社会保障、均等的公共服务、绿色环境发展下的减贫脱贫即绿色减贫和可持续减贫的实现。与此同时，在脱贫攻坚过程中还需要强化对贫困地区的可持续减贫的共享发展的理论研究，尤其是要通过对贫困地区的共享发展程度的测度评价，衡量减贫的总体效果，同时也能通过共享发展的战略理念角度和可持续发展的长远战略角度对评判2020年后中国减贫战略思想及其新的目标任务，这才是研究贫困地区共享发展与可持续性减贫的一个重要价值所在，对此进行提早研究显得迫在眉睫。

以供给侧结构性改革为主线，进一步完善扶贫脱贫机制

（2017年2月国内外减贫热点专题评论）

2016年，国家加大精准扶贫力度加快补短板战略部署，使得我国扶贫脱贫事业取得开门红，农村贫困人口减少1240万，易地扶贫搬迁人口超过240万。取得这些成绩来之不易，包含着中央领导息息牵挂、扶贫一线干部职工日夜辛劳、社会各界的主动参与，贫困家庭的主动配合和自身努力，从而形成了新时期的贫困治理新体系和新机制，扶贫脱贫机制创新取得历史性新突破，贫困治理能力和效率大大提升。但同时，我们也必须看到，伴随着2020年目标逼近，越到最后，扶贫脱贫的难度会比以前更大，扶贫脱贫遇到的更多新问题和新矛盾，可以说，2017年是我国扶贫脱贫最关键的年份。随着扶贫脱贫新机制的运行和推进，根据历史经验，必然会出现一些扶贫脱贫新旧机制体制转化过程中的适应、磨合、冲突和矛盾，也会带来贫困村和贫困户与新帮扶主体、新型经济关系和社会关系形成中的动力机制和关系的适应性新变化，从而在能力提升的主动性与被动性的新平衡关系上，也带来新时期农村扶贫脱贫过程中的制度政策供给与需求结构上差异的新特点，新旧扶贫脱贫政策和制度之间的供需结构、范围、职能等出现错位、缺位和越位等现象，带来了贫困村与非贫困村、贫困户与非贫困户之间新时期的状态的新失衡现象，这样也必然造成扶贫脱贫政策供给侧改革上的一些问题，可以说，2017年再减少农村贫困人口1000万以上，完成易地扶贫搬迁340万人的任务相当艰巨。为此李克强总理在政府工作报告中提出了“2017年中央财政专项扶贫资金增长30%以上。

加强集中连片特困地区、革命老区开发，改善基础设施和公共服务，推动特色产业发展、劳务输出、教育和健康扶贫，实施贫困村整体提升工程，增强贫困地区和贫困群众自我发展能力。推进贫困县涉农资金整合，强化资金和项目监管。创新扶贫协作机制，支持社会力量参与扶贫。切实落实脱贫攻坚责任制，实施最严格的评估考核，严肃查处假脱贫、'被脱贫'、数字脱贫，确保脱贫得到群众认可、经得起历史检验"。其核心就是要以供给侧结构性改革为主线，进一步完善扶贫脱贫机制，尤其是实施贫困村整体提升工程，增强贫困地区和贫困群众自我发展能力，对于巩固原有成果，提升扶贫脱贫效率有着极其重要的意义。

一、新时期的精准扶贫精准脱贫机制已经基本形成

基于2020年脱贫攻坚目标，我国精准扶贫精准脱贫机制的完善和创新发展在实践中探索并且取得了明显效果，主要表现在：第一，精准扶贫工作机制创新发展格局已经建立和形成。其一，责任体制机制更加完善："中央统筹、省负总责、市县落实、合力攻坚"的脱贫攻坚责任机制。其二，精准瞄准识别机制得以全面落实：建成了符合各地实际的精准识别机制，贫困瞄准的精准程度大幅提升。其三，贫困监测机制进一步完善：以大数据技术为手段的贫困监测技术愈发成熟。其四，考核评价机制稳步实施：完善的贫困县考核机制已经建成、第三方评估广泛开展。第二，内源发展机制创新发展加快。其一，教育扶贫机制：全方位覆盖的教育扶贫机制已经建成。其二，产业扶贫机制：各地产业扶贫政策推陈出新，形成了多种创新模式。如企业带动、大户带动、集体经济带动、政策带动、新型产业和技术带动等。第三，外源推动机制创新取得明显效果。其一，驻村帮扶机制全面实施：充分发挥了社会主义制度优越性。其二，社会扶贫机制：定点扶贫和企业帮扶进一步创新。其三，片区攻坚机制：与精准扶贫机制协同推进，片区攻坚机制的行业部位牵头带动片区发展，在精准扶贫实践中产生了巨大成就。第四，绿色减贫机制创新发展。绿色扶贫是精准扶贫战略实施以来，各地因地制宜，结合地区的发展特点，提出的创新扶贫模式。其一，易地搬迁扶贫。2016年实现了易地扶贫搬迁人口超过240万，接近2001年—2010年搬迁286万余人。其二，光伏扶贫。从全国总

体来看，光伏扶贫是绿色减贫新途径。其三，旅游扶贫。旅游扶贫是连接生态保护与减贫的有效桥梁，是绿色减贫创新的最有效途径。国务院扶贫办与国家旅游局合作，启动贫困村旅游扶贫工程。其四，资产收益扶贫。资产收益扶贫机制，目的在于把细碎、分散、沉睡的各种资源要素转化为资产，整合到优势产业平台上，扩展贫困人口生产生存空间，让其享受到优质资源，实现脱贫致富。例如，贵州六盘水的资产收益机制探索："三变机制"，即"资金变股金"、"资源变股权"、"农民变股民"。

从以上可以明显看出：贫困人口每年减少1000万人以上，贫困发生率逐年稳步下降，贫困地区农村居民收入增幅高于全国平均水平。贫困群众生活水平明显提高，贫困地区面貌明显改善，贫困地区农村居民生活条件不断改善。精准扶贫精准脱贫的顶层制度设计初步完成。《"十三五"脱贫攻坚规划》明确了国家脱贫攻坚总体思路、基本目标、主要任务和重大举措，而10个《决定》配套文件和101个政策文件包含了产业扶贫、易地搬迁扶贫、劳务输出扶贫、交通扶贫、水利扶贫、教育扶贫、国土扶贫、科技扶贫、健康扶贫、金融扶贫、社会保障与扶贫相结合等政策指点和措施路径。精准扶贫机制实施顺利推进，精准识别工作顺利完成，扶贫对象精准程度大大提升。驻村帮扶工作队伍和贫困村"第一书记"全部到位，全社会"大扶贫"格局已经形成。扶贫资金精准和扶贫项目精准的效率大幅提高。各具特色的精准扶贫精准脱贫创新模式不断涌现。

二、以供给侧结构性改革为主线，进一步推动扶贫脱贫机制升级

虽然精准扶贫以来我国脱贫攻坚取得了巨大成效，但仍然有一些问题没有得到解决，其中，有的是我国扶贫开发机制长期以来的遗留问题，有的则是新形势下遇到的新问题，但无论哪种，都是未来精准脱贫机制创新的新动力。总的来看，有以下几个亟需解决的问题：

第一，精准扶贫的供给和需求存在失衡，还需进行精准扶贫的供给侧改革。中央一直强调扶贫开发贵在精准、重在精准，成败之举在于精准。精准扶贫实施推进以来，我国各类扶贫政策在瞄准程度上有了长足的进步，但时至今日，扶贫政策的供需双方在精准匹配的层面上，仍然有进步

的空间。总体来看，精准扶贫实施以来，扶贫政策的供给总量很大，但在供给工程中对需求侧的重视远远超于供给侧的重视。第一，扶贫资源大量供应，但始终还未重视其效能进一步的优化。第二，扶贫资源的马太效应仍然存在，扶强容易扶弱难的情况没有得到改观。第三，一些需求侧最需要的扶贫资源仍然得不到保障，各地产业扶贫伤农的现象时有发生，住房、医疗、养老三座大山压力仍在。因此，未来一个时期我国还需同步推进精准扶贫的供给侧改革，从供给侧发力。不断增强扶贫举措对需求变化的适应性和灵活性。尤其在未来一个时期，绝对贫困状况相对缓解、相对贫困逐步凸显的状况下，我国贫困人口的地区分布、致贫原因、资源需求将会发生巨大变化，必须多从供给端发力，在增加扶贫供给总量的同时，扎实推进农村扶贫供给侧改革，以适应未来我国贫困状况转型。此外，精准扶贫本质就是一场扶贫供给侧改革，贫困地区情况千差万别，贫困人口致贫原因各不相同，只有结构性施策、精准施策，才能提高扶贫成效，做到真扶贫、扶真贫、真脱贫，实现精准扶贫、精准脱贫。

第二，精准扶贫的可持续发展机制需要受到高度重视，这是扶贫脱贫供给侧改革的重要方向。精准扶贫的可持续发展机制受到两方面的挑战：一方面，扶贫政策、项目的后期维护和可持续性发展还需要提升。精准扶贫以来，实施了很多超常规举措，这些超常规举措如何常规化、常态化仍然是未来减贫机制创新完善的重要努力方向。此外，一些扶贫项目和扶贫政策的设计对后期维护可持续发展的考虑还比较欠缺，导致后期维护和可持续发展难以为继，扶贫效果昙花一现、扶贫项目重复建设。另一方面，城市化造成的贫困地区“空心化”问题，对贫困地区的可持续内源发展机制的建立带来了很大挑战。城市化造成贫困地区的空心化问题可能是未来精准扶贫需要解决的重点难点问题之一，由于贫困地区区域经济发展难以吸纳足够的就业，也难以吸引贫困人口回乡创业，大量青壮年劳力外流，造成贫困地区空心化，贫困地区、贫困人口内生动力的激发有限。这带来两方面的问题：一是，贫困地区由于内生动力不足有可能持续衰败。虽然通过脱贫攻坚，贫困人口实现了脱贫，但贫困地区由于缺乏发展的动力而持续衰败。二是，大量的留守儿童、留守妇女、留守老人增加了贫困代际传递的风险。虽然在《关于打赢脱贫攻坚战的决定》文件中明确指出，要健全留守儿童、留守妇女、留守老人和残疾人关爱服务体系。但此类问题的根源在于区域发展的不均衡，因而可能还需要很长的一段时间去解决此问题，在此期间，国家的战略选择、制度安排就显得尤为重要。

第三，绿色生态减贫机制需要作为精准扶贫重要战略尽快提上日程，这是扶贫脱贫机制完善供给侧改革的重要内容。自我国实施精准扶贫政策以来，贫困地区生态文明建设和绿色发展取得新的明显进步，绿色减贫机制也初步建立。但从绿色减贫的实践来看，绿色减贫还未作为专门的减贫机制上升到国家战略层面，绿色减贫的理念还未如精准扶贫、绿色发展那般深入人心。实际上，绿色减贫是可持续最强的共享发展模式。贫困地区人口大多受教育程度低，生存技能较落后，自身减贫能力弱，主要依靠政府的单向扶持。然而绿色减贫措施的实施，要求发展方式从外源向内源的根本转变，构建出新的绿色扶贫动力机制。从宏观层面看，国家从绿色发展角度出发，利用当地自然资源，建立相应的绿色扶贫项目，通过培训贫困人口专业技能，拓宽其就业和收入来源渠道，从而提升贫困地区的内生动力。从微观层面分析，贫困人口从被动的接受式扶持变为主动的积极减贫。此外，绿色扶贫战略因地制宜，结合地区的发展特点，提出不同的扶贫模式。对于自然条件极差的贫困地区，实施生态搬迁等包容性的减贫路径；对于生态条件较好的地区，改变了以前大力开发的扶贫模式，转化为以保护利用为主的长效扶贫路径，如建设生态观光景区等旅游产业；对于生态条件多样性的地区，既有自然环境较好的区域，也存在生态破坏较严重的区域时，采取针对性的绿色减贫措施，对生态薄弱区加大管制保护力度，对自然条件较好的区域又要采取适当利用的减贫方式。比如，20 世纪 80 年代贵州毕节进行的生态保护与扶贫开发试点：核心内容即“开发扶贫、生态保护、人口控制”就是适应新变化、新要求，保证扶贫项目有利于生态修复和绿色发展。易地扶贫搬迁也正是考虑到“在一方水土养不活一方人”的生态脆弱地区，实施绿色生态脱贫工程，又如，内蒙古亿利公司通过在杭锦旗治沙 20 年，把企业发展和生态治理相结合，构筑了“沙产业”，带动周边贫困人口脱贫，等等。因此，如何严格按照党中央决策部署，把生态文明建设融入贫困地区经济、政治、文化、社会建设各方面和全过程，明确贫困地区绿色发展的总基调，切实把绿色发展理念融入到扶贫脱贫和精准扶贫行动、项目、资金投入以及每一个帮扶措施和扶贫产业发展培育中，将是未来减贫工作的重点和难点。加大绿色生态减贫理论研究是实践探索，是未来扶贫脱贫供给侧改革的一项重要而长期的任务和目标。

以供给侧结构性改革为主线，深化扶贫脱贫的四大重点

（2017 年 3 月国内外减贫热点专题评论）

2016 年是“十三五”规划实施第一年，也是实施国家脱贫攻坚顶层设计的第一年。很显然，2016 年我国扶贫脱贫取得了良好成效，主要表现在：脱贫攻坚在党和国家工作全局中重要地位凸显，全党动员促攻坚的格局基本形成，各项决策部署得到较好贯彻落实，精准扶贫、精准脱贫深入基层，年度减贫目标任务得到较好完成。应当说，新时期精准扶贫脱贫的机制已经基本完善，新型脱贫体制基本形成，扶贫脱贫工作机制得以强化和建立，精准识别机制得以全面落实，贫困的监测机制获得了进一步的完善，考核机制稳步实施。除了外部管理机制形成之外，扶贫脱贫内源发展机制也逐步得到了培育和发展，国家重点抓的教育扶贫、产业扶贫能力培养、思想观念和文化提升脱贫等机制也逐渐形成并显示出一定的效应。但我们同时还要看到，新时期扶贫脱贫带来的新问题、新困惑、新矛盾也不断出现，甚至带来的影响和潜在隐患也在逐渐扩大，从表面上主要表现在：工作中还存在着脱贫质量不高、帮扶工作不实、扶贫措施不够精准、资金监管有待加强等突出问题。由此也引发了一系列新矛盾，包括诸如扶贫脱贫的一系列结构性新矛盾等；扶贫脱贫的质量不高，脱贫效果短期化问题，脱贫的可持续性长期效应受到影响；还有脱贫的方式方法上创新性理念、行动仍显得不够，也就是说，实施党政一把手脱贫攻坚工作责任制、开展东西部扶贫协作和机关定点扶贫、继续向贫困村派驻第一书记和驻村工作队，2017 年要打牢基础，做实做细建档立卡，实现动态管理。要

坚持分类施策的基本原则，针对致贫原因采取有效措施。要激发贫困地区广大干部群众内生动力，靠辛勤劳动改变贫困面貌、过上幸福的生活。对贫中之贫、困中之困、难中之难、坚中之坚的地方，要采取超常措施加以扶持等措施的核心和重点，就是要以供给侧结构性改革为主线，深化扶贫脱贫在结构性改革调整优化升级、脱贫质量提升保障、扶贫脱贫创新带动和引领、扶贫脱贫可持续性发展等四大重点和方向上实现新的突破。

一、深化扶贫脱贫结构性改革与优化

供给侧结构性改革的核心就是结构优化和升级。扶贫脱贫中供给侧结构性改革的重点就是解决扶贫脱贫的新的结构性问题和矛盾，具体来说就是：其一，扶贫脱贫的区域性结构性矛盾。西部、中部和东部之间，西部中的西北与西南之间，不同片区之间，同一片区不同贫困县之间的扶贫脱贫速度和水平不一致，导致的扶贫脱贫重点难点上有所差异。其二，不同贫困村和不同贫困县之间扶贫脱贫在时间上和程度上的差异导致政策统一性与差异性之间矛盾开始出现。其三，贫困村与非贫困村、贫困户与非贫困户之间逆向倒流新差异，也就是说，随着扶贫脱贫力度加大后，出现了很多贫困村的基础实力和收入水平超过了非贫困村实力，形成贫困村与非贫困村之间的新矛盾和新差异，在新的条件下，政策的公平性是否需要进行结构性调整问题。其四，扶贫脱贫资金与扶贫脱贫项目之间的结构性新矛盾，主要表现在资金增多了，但项目出现空缺或者项目更加注重短期化扶贫项目，有些项目使得参与农民获得收入，但是这项项目有一定时限，从而扶贫项目结束后仍然恢复贫困状态。其五，社会力量与本土力量之间的结构性矛盾开始出现，一方面，出现了社会扶贫力量与本土力量间在分工职责管理等分歧和冲突，需要尽快给予解决。另一方面，社会力量被本土力量所凝固而难以发挥推动作用。其六，社会保障与扶贫脱贫方式之间结构性新矛盾越来越突出。即随着时间的推移，很多农村的大多贫困户都将成为兜底的低保户，有些贫困村 80% 的贫困户已经成为低保户，如何对这种结构性脱贫现象进行政策上的优化，也是当前面临的迫在眉睫的问题，必须进行结构性的改革优化和升级。

二、提升扶贫脱贫的质量和水平

供给侧结构性改革的一个重要方面就是提升质量和水平。对于扶贫脱贫来说就是提升精准扶贫精准脱贫质量和水平。我们认为，当前需要重点解决的问题主要有：其一，提升产业扶贫质量。一方面，在产业扶贫上需要加大扶贫产业质量上的提升，另一方面，就是扶贫产业选择上克服短期化行为，很多贫困村的产业发展中，因扶贫脱贫任务所迫，就选在短期化的扶贫项目和产业，造成产业发展后劲不足，脱贫的质量低，稳定性差。其二，提升精准扶贫精准脱贫质量，包括驻村帮扶上要在原有基础上提升帮扶队伍的专业化水平和质量，避免驻村帮扶只注意过程而忽视效果的现象。另外，在项目选择上的质量提升问题，扶贫项目一定要是最有效、农户欢迎、对农户有实质性提升的项目。其三，从仅仅关注收入型贫困转向更加注重三保障的同时提升，也就是说，必须同步提升社会保障基础设施公共服务等，从而快速提升扶贫脱贫的总体质量。

三、扶贫脱贫动力机制的创新和培育

创新发展动力是供给侧结构性重点内容之一，也是引领新常态的重要变化，也同样是新时期我国扶贫脱贫供给侧结构性改革的突破点。当前的扶贫脱贫更多的是来自于政府主导下的扶贫脱贫强力推动，属外源动力机制，在目前情况下尤其是需要在2020年实现全部脱贫的情况下，政府强力拉动和推动是不可缺少的，而中国政治优势制度优势的集中表现，就是可以在短期间内集聚资源、资金、人才办大事，但在外部力量如此强大情况下，短时间内的快速积聚必然带来贫困村贫困户内在动力机制的弱化、退化、惰性化甚至恶化，也就出现了所谓“等靠要”从个别到局部，甚至到多数的现象，这才是扶贫脱贫中最为要害的弊端。因此，如何在扶贫脱贫供给侧改革中，在继续加强外源动力机制不减的情况下，实现扶贫脱贫内源机制的培育、成长、发展和壮大，尤其自发动力和自我的就业技术生计发展能力提升。由此来看，今后要在增加硬投资的同时增加软投资的比例，在扶贫脱贫项目中实施对培育自力更生的思想观念、文化意识等知识培训，提高劳动扶贫致富传统文化观念的意识传承。知识教育与传统文化等扶贫脱贫的内在动力机制培育也将是扶贫脱贫供给侧结构性改革的重点任务之一。

四、扶贫脱贫可持续性功能的增强

扶贫脱贫是一项长远任务，2020 年是在现有标准下解决农村贫困问题，也就是消除绝对贫困，但减贫是永远的话题。目前推进扶贫脱贫，并不能仅仅考虑完成今天的脱贫任务，更重要的是从未来长远角度来看，今天的扶贫脱贫必须着眼于未来，注重扶贫脱贫是否具备了可持续性功能。目前扶贫脱贫，在很多农村，可能更多的还是如何实现在现有标准下扶贫脱贫，其扶贫脱贫的方式、方法甚至很多做法，在相当大的程度上可能还更加偏好于短期行为，从长远发展角度看，显然是不可取的。那么如何能在当前的扶贫脱贫中着手并形成可持续性扶贫脱贫机制呢？笔者认为，除了教育扶贫脱贫之外，绿色生态脱贫则是目前和未来一段时间甚至到 2020 年后我国扶贫脱贫的不可忽视的战略性选择，绿色减贫已经从新理念转变到了新行动，中国扶贫脱贫的可持续性功能的培育和成长的重点任务就是绿色减贫新探索，这是扶贫脱贫供给侧结构性改革的又一个重点。

依靠大数据，提升产业扶贫效果

（2017年4月国内外减贫热点专题评论）

产业扶贫是实现贫困地区可持续发展的重要手段之一，只有通过产业扶贫，让贫困地区、贫困人口进入到整个市场运行的环节中，才能不断提升贫困人口的内生动力，实现可持续发展。产业扶贫在我国脱贫攻坚战中承担着很重要的任务，是事关3000万贫困人口脱贫的大事。近几年，各个部委也陆续出台有关产业扶贫的文件，2012年，农业部出台的《关于加强农业行业扶贫工作的指导意见》，对产业扶贫的六个重点方面进行了阐述。2014年，农业部等七部门制定了《特色产业增收工作实施方案》，明确了全国14个集中连片特困地区的特色产业布局。2016年，农业部等九部门联合印发《贫困地区发展特色产业促进精准脱贫指导意见》中指出，对脱贫攻坚期间贫困地区特色产业发展做了更明确的规划。此外，有关部门还就“电商扶贫”、“旅游扶贫”等与产业扶贫有关的领域提出了若干要求和意见。

一、产业扶贫实施过程中容易出现的几个问题

产业扶贫的实践既有成功经验，也有沉痛的失败教训，总结起来，产业扶贫中最容易出现的问题主要是：

第一，存在“扶富不扶贫”、“扶富没扶贫”和“扶富大于扶贫”现象。产业扶贫项目由于各种原因，导致出“精英捕获”现象，也就是我们常说的“扶富不扶贫”“扶富没扶贫”“扶富大于扶贫”现象。一些产业扶贫项目与真正的贫困户关系不大，产业扶贫难以精准投向贫困人口。产

业扶贫项目不仅没有缩小贫富差距，反而拉大了贫富差距。这是很多地方在产业扶贫失败中存在的较为普遍且最为突出的现象。第二，“粮丰价跌，谷贱伤农”现象时有发生。多年来，产业扶贫失败案例并不少见。看到好的项目一拥而上，有的地方未做充分调研便大笔投入资金、盲目推广，导致一小部分项目水土不服、半途而废，大部分市场饱和、价跌伤农。就目前情况来看，无论是地方政府、经济合作组织还是贫困户，对市场规律的研究和把握欠缺。产业扶贫最终还是要对接市场，贫困地区一厢情愿去生产，很难取得好的效果。例如，近些年已经有很多贫困地区开始了“茶产业扶贫”“苹果产业扶贫”“大枣产业扶贫”“猕猴桃产业扶贫”，等等，由于短时间内种植面积迅速增长，农产品价格和销量下滑，造成扶贫效果不佳。第三，贫困地区、贫困人口缺乏技术支持，包括生产技术和产业发展技术。例如生产技术、病虫害、自然灾害等问题。此外，由于科技支撑体系不健全，缺乏高水平的科研技术人员、科研机构，新的种植、养殖、加工技术得不到及时推广运用。导致产业缺乏深加工增值、缺少品牌效应带动，同时宣传、营销等手段跟不上，销售仍以初产品为主。产品在市场上的竞争力低价格低，与产品本身的质量和品质相比，存在较大差距。

二、大数据推动产业扶贫的结合点

所谓大数据就是指数据量规模巨大到无法在合理时间内通过常规办法达到采集、管理、分析并呈现为可阅读状态的信息。其在商业活动中发挥了传统模式无法企及的作用，在主体行为特征精准预测、客户个性化服务提供、组织目标实现过程中的公众参与及运营成本降低等功能。就目前情况来看，大数据技术至少在以下三个方面与茶叶产业扶贫可以有效地结合：第一，大数据推进农业产业扶贫机制创新，对解决扶富不扶贫的问题有帮助，对提升扶贫精准性和提高扶贫脱贫效果有很好促进作用。由于贫困具有多维度、复杂性、动态性的特点，究竟谁是贫困户，辨识起来难度很大、费时费力。大数据不仅能够打破地区、部门之间的“信息孤岛”，而且能够显示出扶贫对象的具体情况，有助于对扶贫对象的范围进行正确的界定，并对扶贫范围内的对象进行准确的需求评估，保证扶贫措施能够精准到户。另外，大数据分析处理的信息量巨大，处理速度也成倍地增加，对扶贫资源分配状况可进行精确的评估，能够界定出“扶贫工作应着力哪些人群”以及“选择何种产业扶贫方式”等关键目标，在此基础上解决产业扶贫项目的投向精准、管理精准、考核精准等问题，让农业产业扶贫项目能够真正惠及贫困人口。这方面贵州省已经做了很多工作，建立了“扶贫云”系统，已经成为了全国精准扶贫机制创新的样板和亮点。农村的扶贫产业，可以依据扶贫云系统，把产业扶贫精准投放到贫困人口和贫困地区。第二，大数据推进农业供给侧改革，有利于解决“谷贱伤农”问题。2015 年，中央农村工作会议就提出农业供给侧改革的构想，2017 年中央 1 号文件专门就农业供给侧改革的重要方面作了详细、明确的具体部署。目前农产品例如茶叶生产和其他农产品一样，都存在供给和需求不匹配的问题，也就是定位局限导致供给不足，茶叶生产可能更为严重一些。从供给层面来看，在过去多年时间里，行业形成了高、中、低端的哑铃型供给状态（扎堆高端，中端供给严重不足，低端量大但品质差），从需求端看，产品质量与层次满足不了消费者的个性需求。比如，有的讲究品质，有的注重性价比，有的需要冲泡、携带方便，等等。大数据能够在分析海量生产端和消费端数据的基础上，优化茶叶产业的产业结构，推动茶叶产业的供给侧改革。通过供给侧改革，满足市场需求、适应市场竞争，提升和放大茶叶产业扶贫的效率。即通过调整和优化结构，通过提高质量和创新能力，避免和减少“谷贱伤农”现象发生。第三，大数据能够帮助有效解决农业产业生产和产业发展的技术性问题。主要是通过建立与气象、水利、国土、环保等部门数据共享机制，构建农产品例如茶产业生产的本底数据库，在此基础上，实施包括茶产业资源环境精准监测，掌握变化规律，开展茶产业自然灾害预测预报，强化病虫害监测预警。与此同时，还可以通过大数据监测，实现茶叶生产、收购、贮藏、运输等环节的追溯管理。此外，可以推进茶叶生产的科技创新数据资源共享，促进科研联合和协作攻关，形成茶叶科技创新、成果转化、农技推广、新型职业农民培育等领域的数据共享机制。最后，还能满足农户生产经营的个性化需求。为贫困人口参与茶叶产业各个环节提供综合、高效、便捷的综合信息服务，探索商业化经营模式。

三、依托大数据推动农业产业的精准扶贫，亟需夯实的几个方面

笔者认为，依托大数据推动精准扶贫，提升产业扶贫效果，目前亟需夯实的以下几个方面为：第一，形成产业发展（如茶产业）的扶贫子系统。例如贵州就可以依托目前已经建立起的贵州“扶贫云”系统，梳理或者建立一个茶叶产业扶贫子系统。摸清贫困区域和产业产区的分布、贫困人口技能和茶叶生产实际需求的匹配情况，将茶叶产业扶贫项目精准投放到贫困地区，对于该区域没有茶叶生产技能的贫困人口开展较为系统的技能培训。在此基础上展开对茶叶产业扶贫项目的全程精准管理。第二，利用好“互联网+大数据”打造农产品特色品牌。通过互联网中的大数据，分析消费人群的需求特征，打造、宣传农产品特色优质的品牌，放大农产品品牌效应的案例很多。第三，尽快建立扶贫产业的大数据系统。1. 建设扶贫产业的数据云平台，集成国际市场上的农业扶贫产业、全球遥感、质量安全、科技教育、设施装备、产业要素、资源环境、防灾减灾、疫病防控等数据资源。2. 开放共享大数据，把扶贫部门、农业部门、农产品行业数据整合并共享开放，尽快编制“扶贫产业大数据资源开放目录清单”，制定数据开放计划。3. 巩固和提升现有监测统计渠道，系统梳理农业产业的生产、消费、库存、贸易、价格、成本收益“六大核心数据”，建立扶贫产业供需平衡表制度。第四，加强数据安全管理。完善大数据平台管理制度，建立集中统一的安全管理体系和运行维护体系，健全应急处置预案，等等。

试论“一带一路”沿线国家绿色减贫合作

（2017年5月国内外减贫热点专题评论）

改革开放近40年，中国扶贫脱贫成功经验已经被世界各国认可和推崇，但从2013年开始，中国确定了到2020年实现农村贫困人口全部脱贫的历史性新目标，并在以精准扶贫精准脱贫为基本方略后，又在实践中积极探索绿色减贫新路径，尽管绿色减贫的理论和政策还不是很成熟，实践模式仍在探索中，但已经取得的进展还是很值得认真总结、凝练和深入研究的。绿色减贫为联合国2030年可持续发展议程目标中绿色发展和减贫融合下的中国庄严承诺提供参考和指导，进而通过中国绿色减贫理论和实践的成功探索为推进和构建“世界命运共同体”奠定良好基础，而“一带一路”沿线所蕴藏的绿色减贫合作交流的深厚基础和广泛发展前景，则是先行先试的好样板。

一、绿色减贫成为中国扶贫脱贫的战略性选择

完成中国扶贫脱贫任务艰巨，为此中国政府专门制定了《十三五脱贫攻坚规划》提出了具体的部署和扶贫脱贫若干工程，其中，对绿色减贫专门进行了顶层设计和具体战略部署。例如在制定打赢脱贫攻坚战中的基本原则之一就是“坚持保护生态，实现绿色发展。牢固树立绿水青山就是金山银山的理念，把生态保护放在优先位置，扶贫开发不能以牺牲生态为代价，探索生态脱贫的新路子，让贫困人口从生态建设与修复中得到更多实惠”，而在扶贫脱贫路径方面，提出了结合生态保护脱贫，包括“实施的

退耕还林还草、天然林保护、防护林建设、石漠化治理、防沙治沙、湿地保护与恢复、坡耕地综合整治、退牧还草、水生态治理等重大生态工程，在项目和资金安排上进一步向贫困地区倾斜，提高贫困人口参与度和受益水平。加大贫困地区生态保护修复力度，增加重点生态功能区转移支付。结合建立国家公园体制，创新生态资金使用方式，利用生态补偿和生态保护工程资金使当地有劳动能力的部分贫困人口转为护林员等生态保护人员。合理调整贫困地区基本农田保有指标，加大贫困地区新一轮退耕还林还草力度。开展贫困地区生态综合补偿试点，健全公益林补偿标准动态调整机制，完善草原生态保护补助奖励政策，推动地区间建立横向生态补偿制度”等一系列政策规定和实施措施。从而大大推动了中国绿色减贫的进程。从近几年中国扶贫脱贫实践可以看出绿色减贫的新变化和新特点：第一，中国绿色减贫已经从单纯的绿色减贫理念，上升到了绿色减贫的政策层面和制度层面，进而又推进到了多项绿色减贫创新实践，并探索出了很多新模式。近几年的中国在绿色减贫创新模式就是绿色产业减贫模式的创新。如光伏扶贫的绿色减贫路径新探索，旅游扶贫成为中国贫困地区最有潜力的脱贫方式。“互联网＋扶贫”是绿色减贫在信息时代的新运用，文化减贫是绿色扶贫的重要方式。第二，绿色减贫是中国扶贫方式的升华，它是开发式扶贫的深化和提升，是一种可持续性扶贫、低碳扶贫方式。第三，绿色减贫是推进精准扶贫精准脱贫的最有效方式。不仅提高了精准扶贫和精准脱贫的科学性和完整性，而且为构建精准扶贫考核机制和贫困退出机制提供基础和参考。

二、“一带一路”绿色减贫国际合作潜力巨大

“一带一路”旨在借用古代丝绸之路的历史符号，积极发展与沿线国家的经济合作伙伴关系，共同打造政治互信、经济融合、文化包容的利益共同体、命运共同体和责任共同体。从“一带一路”沿线国家的国土面积、人口数量以及人均 GDP 可以看出，大部分“一带一路”沿线国家都属于发展中国家，且人均 GDP 处于相对较低状态，比如印度的人均 GDP 仅为 1877 美元，贫困问题仍然是大多数沿线国家面临的重要问题，减贫是牵引“一带一路”沿线国家的共同任务。同时，特别是对于“一带一路”

沿线的发展中国家，贫困和生态双恶化是目前面临的较为严重的问题，较多数发展中国家在工业化进程的压力下生态环境进一步恶化。因此，如何兼顾生态环境保护和消除贫困是“一带一路”沿线国家面临的共同任务。中国绿色减贫理念的提出以及成功实践有力证明了绿色减贫的可行性，对“一带一路”沿线国家具有引导作用。为“一带一路”沿线国家减贫带来更多的经验和支撑。“一带一路”沿线大多数国家属于发展中国家，扶贫脱贫是“一带一路”沿线国家面临的共同主题，而绿色减贫则是“一带一路”沿线国家间建立长期可持续性强的减贫合作有效机制和效果最好的模式。

（一）通过中国的绿色减贫实践表明，绿色与减贫并非绝对矛盾，如果妥善处理，科学融合，反而能够做到真正的融合发展，实现绿色减贫。中国通过对绿色减贫的实践探索得到显著的成效，以11个集中连片特困地区为研究对象，通过以经济增长绿化度、资源利用与环境保护、社会发展、扶贫开发与减贫效果为四大维度对2012年与2014年片区的绿色减贫指数进行测算。结果表明，绿色减贫水平较好的片区经济增长绿化度和减贫效果都比较好，这些地区为绿色和减贫并重提供了证明和范例。

（二）通过中国绿色减贫实践，“一带一路”沿线绿色资源价值增值，绿色扶贫脱贫有巨大潜能。绿色减贫其本质是通过有效利用资源优势，提升资源利用价值，并将其转化为经济、社会及生态等价值，进而达到绿色发展和减贫效果。通过中国绿色减贫实践探索发现，贫困地区有着很丰富的绿色资源，关键是如何将其资源价值提升并转变为绿色资本，中国贵州省在绿色减贫实践中经验有力地证明了这一点，目前，贵州省的生态旅游、文化旅游和健康养生旅游等在贫困地区的扶贫脱贫效果相当明显，根源就是由于贵州近几年来交通和环境条件改善后，绿色资源价值得以显化并不断增值，全省的旅游收入已经超过了云南。“一带一路”建设中的沿线基础设施融通、民心相通等必将大大提升沿线的绿色资源价值和文化价值，从而带动沿线国家的扶贫脱贫任务快速实现。

（三）“一带一路”倡议的绿色发展效果明显，给绿色减贫提供了示范效应。“一带一路”倡议实施三年来，国内和国际社会在沿线国家绿色发展方面已卓有成效，为绿色减贫树立了强烈的示范效应，我国在《“十三五”生态环境保护规划》中设置了“推进‘一带一路’绿色化建设”专门章节，统筹规划未来五年“一带一路”生态环保总体工作。生态环境部（原环境保护部）等四部门发布了《关于推进绿色“一带一路”建设的指导意见》，明确了总体思路和定位，落实生态环保对绿色“一带一路”建设的支撑、服务和保障作用。开展了“一带一路”生态环保专项规划研究，取得阶段性成果。国际上，绿色“一带一路”国际共识已经初步达成。2016 年 12 月，环境保护部与联合国环境规划署签署了《关于共建绿色“一带一路”的谅解备忘录》，启动“一带一路”与区域绿色发展联合研究。环境保护部与深圳市政府联合举办“一带一路”生态环保国际高层对话会，柬埔寨、伊朗、老挝、蒙古国、俄罗斯等 16 个沿线国家以及联合国环境规划署等 4 个国际组织的高级别代表与会，促进加深各方对绿色“一带一路”的理解和共识。启动中国—东盟生态友好城市发展伙伴关系。启动“绿色丝路使者计划”、“海上丝绸之路绿色使者计划”，面向“一带一路”沿线国家开展交流培训活动，推进区域环境信息共享，提高区域环境意识和环境管理水平，为区域环保能力建设以及绿色经济发展提供了支撑。

（四）“一带一路”规划为绿色减贫国际合作提供了良好机遇。习近平主席在 2017 年召开的“一带一路”国际合作高峰论坛上提出，中国将加大对“一带一路”建设资金支持，向丝路基金新增资金 1000 亿元人民币，鼓励金融机构开展人民币海外基金业务，规模预计约 3000 亿元人民币。中国国家开发银行、进出口银行将分别提供 2500 亿元和 1300 亿元等值人民币专项贷款，用于支持“一带一路”基础设施建设、产能、金融合作。启动“一带一路”科技创新行动计划，未来 5 年内安排 2500 人次青年科学家来华从事短期科研工作，培训 5000 人次科学技术和管理人员，投入运行 50 家联合实验室。未来 3 年向参与“一带一路”建设的发展中国家和国际组织提供 600 亿元人民币的援助，向“一带一路”沿线发展中国家提供 20 亿元人民币紧急粮食援助，向南南合作援助基金增资 10 亿美元，在沿线国家实施 100 个“幸福家园”、100 个“爱心助困”、100 个“康复助医”等项目。将设立“一带一路”国际合作高峰论坛后续联络机制，成立“一带一路”财经发展研究中心、“一带一路”建设促进中心，同多边开发银行共同设立多边开发融资合作中心，同国际货币基金组织合作建立能力建设中心。将建设丝绸之路沿线民间组织合作网络，打造新闻合作联盟、音乐教育联盟以及其他人文合作新平台，而这些新政策和新行动也为“一带一路”沿线的国际绿色减贫合作提供了好机遇。

（五）积极开展绿色减贫指数的合作研究，为“一带一路”沿线国家的绿色减贫提供参考和服务。中国绿色减贫指数尽管刚刚开始，但是在国家制定减贫发展战略、政策和实施方案制定，以及当前扶贫脱贫效果的考核评估制度的创新和完善，地方政府制定长期扶贫脱贫的措施等方面已经发挥了重要参考作用。同样，绿色减贫指数对“一带一路”沿线国家开展扶贫脱贫的效果、激励机制和战略与实施措施等方面也有着很强的借鉴作用。

（六）扩大减贫范围和领域，在原先中国—东盟减贫、中非减贫合作基础上，积极扩大并建立“一带一路”新框架下的减贫论坛和绿色减贫合作新尝试，积极开展绿色减贫，实现发展转型。积极开展绿色减贫理念、理论和政策实践等方面的交流与研究合作等。

聚焦深度贫困是打赢脱贫攻坚关键

（2017 年 6 月国内外减贫热点专题评论）

面对 2020 年要实现“确保我国现行标准下农村贫困人口实现脱贫，贫困县全部摘帽，解决区域性整体贫困，稳定实现农村贫困人口不愁吃、不愁穿，义务教育、基本医疗和住房安全有保障。实现贫困地区农民人均可支配收入增长幅度高于全国平均水平，基本公共服务主要领域指标接近全国平均水平”的目标任务，各级政府都按照中央的顶层设计层层落实，取得了明显效果。2016 年完成了脱贫 1240 万人，但与 2015 年完成 1442 万人相比，显然，减贫规模下降了 200 多万人，为什么？其中一个重要因素就是深度贫困问题。如今，其严重阻梗和制约作用明显显现。对此，中央给予高度重视。2017 年 6 月 21 日，习近平总书记深入吕梁山区看望深度贫困群众并主持召开深度贫困地区脱贫攻坚座谈会指出“脱贫攻坚本来就是一场硬仗，深度贫困地区脱贫攻坚更是这场硬仗中的硬仗，必须给予更加集中的支持，采取更加有效的举措，开展更加有力的工作”。可以说，深度贫困是影响和决定实现 2020 年脱贫目标的关键因素，当前和未来的扶贫脱贫重点和难点就是：解决深度贫困问题。只有这样，才能保证所有贫困人口如期脱贫。

一、深度贫困将是影响和决定实现 2020 年脱贫目标的关键因素

首先，从目前情况来看，深度贫困人口总量大且比重越来越大。伴随脱贫攻坚的深入，一些贫困程度相对较轻的家庭，在国家政策的帮扶下，

率先实现脱贫，剩下的贫困人口中，大部分属于深度贫困人口。

其次，深度贫困人口致贫原因复杂，传统的脱贫模式效果会降低。精准扶贫以来，围绕脱贫的具体路径，中央曾提出“五个一批”，主张分类实施、精准施策。但深度贫困人口往往是多种致贫原因交织的结果，互相作用，很难用常规的、单一的模式去脱贫，而是需要超常规的“组合拳”，这对脱贫攻坚本身就是一个挑战。例如，一些深度贫困人口既无产业、又无就业能力、又有严重的疾病、还存在子女教育问题、居住于自然灾害较为恶劣地区，很难用传统的扶贫模式对其进行脱贫，这就需要创新脱贫模式。

第三，深度贫困人口比较脆弱，即使脱贫，返贫现象也比较突出，在一定程度上削弱了减贫的整体效果。深度贫困人群和贫困地区的最大特点就是脆弱性强，不仅表现为经济脆弱性，且表现在社会关系脆弱性和自然环境资源脆弱性。在目前国家强力推动的脱贫攻坚目标任务刚性约束和严格考核监察下，就会出现为了实现任务目标而更愿意选择一些见效快的短期帮扶项目，这样即使有些脱贫的家庭和贫困村可能很快达到了脱贫的标准，但也由于这种脆弱性而重新出现返贫现象，深度贫困人口和贫困地区这一特点相当明显。实际上，深度贫困人口因病、因灾、因学返贫人口众多。

第四，减贫边际效率下降，脱贫的边际难度递增。从我国减贫历史演变规律看，减贫边际难度在不断增强，相应减贫成效边际效率也就会逐渐下降。下图是 2011 年至 2016 年我国农村贫困人口数据以及发生率，可以清晰地看到，无论是当年贫困发生率还是当年贫困人口减少的总量，都随着脱贫攻坚的进行而逐年下降。当年贫困人口减少总量从 2011 年的 4328 万人下降至 1240 万人，当年贫困发生率从 4.57% 下降至 1.2%，表明减贫的边际效率下降，随之而来减贫的难度则逐年上升。十八大以来，精准扶贫通过超常规的投入，取得了巨大的成效。但就目前的总体趋势来看，已经进入了减贫的慢车道，剩余贫困人口本身的脱贫难度已经很大，剩余的深度贫困人口脱贫难度则更大。

表　2011—2016 年全国农村贫困人口数据及发生率

年度	年底贫困人口（万人）	当年贫困人口减少（万人）	贫困发生率（%）	当年贫困发生率下降
2010	16566		17.27	
2011	12238	4328	12.70	4.57
2012	9899	2339	10.20	2.5
2013	8249	1650	8.50	1.7
2014	7017	1232	7.20	1.3
2015	5572	1442	5.70	1.5
2016	4332	1240	4.50	1.2

二、解决深度贫困问题的思考和建议

深度贫困地区一般集民族地区、革命老区、地方病高发区、生态脆弱区等于一体，贫困发生率高，贫困程度深，致贫原因复杂，是典型的“贫中之贫、坚中之坚”，但脱贫攻坚的“坚”怎么来部署，怎么制定措施来“攻克”呢？习近平总书记在深度贫困地区脱贫攻坚座谈会上已经就解决深度贫困问题做出了八点指示，这是我们今后在攻克坚中之坚的指导思想，要全面落实。但各级政府究竟如何在实际工作中能够科学全面高效的贯彻落实呢？我们认为以下的几个方面非常重要：

（一）要加大对深度贫困的政策优先和倾斜力度

一方面要加大对深度贫困地区的投入力度。尽管自实施精准扶贫以来，国家对贫困地区投资规模逐年增加，尤其是 2015 年以来，中央财政和地方财政直接投资、定点扶贫、东西协作、片区规划实施投资、企业社会组织等扶贫资金超过了历史上的任何时期，但在这一过程中，难免也出现大量投资和项目更加倾向、优先于见效快的贫困地区和贫困人口，而一些民族地区、革命老区、地方病高发区、生态脆弱区等深度贫困地区和贫困人口，往往会因为脱贫效果慢而容易被忽略和搁置，这种现象是可以理解的。但在未来几年里，尤其是深度贫困比重加大后，有必要继续加大和倾斜对深度贫困地区投入力度，确保各类优势资源能够投入深度贫困地区脱贫攻坚，确保优势资源向深度贫困地区倾斜。确保新增脱贫攻坚资金主要用于深度贫困地区，新增脱贫攻坚项目主要布局于深度贫困地区，新增脱贫攻坚举措主要集中于深度贫困地区。通过各种举措，形成支持深度贫困地区脱贫攻坚的强大投入合力。具体来看，在资源汇集方面，应吸纳各方资源，建立政府、市场、社会参与深度贫困地区脱贫攻坚的长效机制，通过优化外部资源整合、打通资源投放渠道、扩大深度贫困人口参与，放大深度贫困地区资源，不断提升外源拉动效率。在资金投放方面，尽快提升各级财政对于深度贫困地区的转移支付规模，行业部门针对贫困地区的各类专项资金、优惠政策要主要向深度贫困地区倾斜。在项目安排方面，要尽快围绕深度贫困地区和深度贫困人口亟需解决的重要问题，制定相关的规划，在扶贫项目的总体分配方面对深度贫困地区倾斜。另一方面，就是要继续大力改善深度贫困地区的基础设施和公共服务。深度贫困地区的特点是基础设施落后，进而导致产业发展困难。因此，应围绕基础设施建设和产业发展，解决深度贫困地区的发展问题。以重大扶贫工程和到村到户帮扶措施为抓手，彻底解决深度贫困地区的“水、电、路、气、房、讯”等基本基础设施建设问题。在此基础上，培育深度贫困地区的市场机制，探索适合深度贫困人口发展的产业扶贫机制，发展一些“门槛低”、“短平快”的劳动密集型产业。依托贫困地区资源禀赋，逐步形成特色种养殖产业发展机制。对于有就业能力、缺少就业机会的深度贫困人口，探索就业扶贫机制，通过就业转移实现脱贫。

（二）脚踏实地，科学客观制定合理的脱贫时间表和脱贫目标任务，稳步脱贫

习近平总书记指出，深度贫困地区要围绕2020年我国脱贫的整体目标，确保深度贫困地区如期脱贫，同时，也要坚持实事求是，不好高骛远，不吊高各方面胃口。因此，应立足深度贫困实际，围绕深度贫困人口当前最需要解决的核心问题，有重点、有步骤的分类实施，以2020年脱贫为时间尺度，稳步推进各类脱贫措施。显然，深度贫困地区和贫困人口的脱贫要符合自身实际，切不可为了提前完成目标任务，层层加压，层层加码，非理性竞争，导致数字脱贫、假脱贫的现象和行为出现，严重影响党

和国家的形象，也对贫困地区造成了巨大压力和潜在后患。目前的重点可以先放在解决深度贫困人口的基本生计问题上，在解决绝对贫困的基础上，探索相应的保障机制，尽快建成覆盖所有深度贫困人口、保障其基本医疗卫生服务的健康扶贫机制；尽快建成深度贫困人口的社会保障机制，对于深度贫困人口实现应保尽保。完善深度贫困人口的社会救济、养老保险机制，可以发展诸如“以粮济贫”等形式的新型救助机制。

（三）开动脑筋，积极探索解决深度贫困的新模式、新思路和新方法

深度贫困的脱贫难度大，减贫效果慢且不明显，但经过了近几年的脱贫攻坚积极创新和实践，要依靠我国制度优势，积极探索和创新深度贫困的脱贫攻坚的新模式和新方法。例如，贵州作为全国扶贫攻坚主战场，攻坚难度居全国之首。2016 年 9 月，贵州省按照“选准、打实”工作方针，对全省 934 个贫困乡镇的客观贫困指标（贫困发生率、人均可支配收入、贫困人口规模）和发展环境指标（到省会城市贵阳市的距离、高寒程度）进行测算，确定了 20 个贫困程度最深、脱贫难度最大的极贫乡镇作为脱贫攻坚的重中之重。按照“两年打基础、三年见成效、四年脱贫，带动周边其他贫困乡镇脱贫”的总体目标，制定了《贵州省极贫乡镇定点包干脱贫攻坚工作方案》，率先进行了深度贫困地区扶贫脱贫攻坚试点工作，积累了很多创新的做法，在全国处于领先地位。从目前实施进展来看，脱贫攻坚初步效果已经开始显现，这对国家探索深度贫困地区脱贫攻坚具有很好的借鉴和参考作用，值得进行调研、总结和评估。此外，山西省也在 2017 年 6 月制定了《关于聚焦深度贫困集中力量攻坚的若干意见》，围绕易地移民搬迁、贫困村能力提升等方面开始了先行先试。在综合考虑贫困人口规模、贫困发生率、农民人均可支配收入等指标的基础上，统筹评估自然条件、产业基础以及义务教育、基本医疗和住房安全“三保障”等因素，确定了偏关、宁武、静乐、兴县、临县、石楼、永和、大宁、天镇、广灵 10 个县为深度贫困县；并通过实施（退耕还林、荒山绿化、森林管护、经济林提质增效和特色林产业）五大项目联动，推进生态建设与脱贫攻坚互促双赢；通过六环（紧扣精准识别对象、新区安置配套、旧村拆除复垦、

生态修复整治、产业就业保障和社区治理跟进等环节）联动，加快易地扶贫搬迁和危房改造等优先倾斜的发展项目和工程。总而言之，我国应积极探索深度贫困地区的脱贫模式，根据不同深度贫困地区的具体情况，探索符合区域实际的脱贫模式。目前，各地已经逐步开始对深度贫困地区的脱贫路径进行创新性探索，也形成了较好的效果，可供借鉴和参考。

（四）要注重脱贫效果的持久性和长远性

相比而言，深度贫困地区由于内生动力较弱，更应注重脱贫效果的持久性和长远性，否则很容易再度返贫。因此，深度贫困地区的脱贫既要注重显绩、实绩，更要重潜绩，不但要促进其直接脱贫，也要提升其内生发展能力，注重脱贫效果的持久性和长远性，确保脱贫效果经得起历史的检验。要围绕人力资本水平提升，培育其可持续发展能力。对此，一方面，要加大教育扶贫力度，彻底阻断贫困的代际传递和完善产业扶贫机制，发挥农民合作社等组织的带动作用。另一方面，要探索深度贫困地区的绿色减贫机制，充分利用深度贫困地区绿色资源。发挥旅游扶贫、资产收益扶贫等扶贫模式在深度贫困地区的作用，积极探索绿水青山转变成金山银山的新方法和新方式。

习近平总书记指出，十八大以来的脱贫攻坚工作力度之大、规模之广、影响之深，前所未有。深度贫困地区脱贫攻坚更是一场“硬仗中的硬仗”。深度贫困地区如期完成脱贫攻坚任务的重要性不言而喻。近年来，我们在解决深度贫困方面的工作和成就已经证明了深度贫困是完全可以战胜的，只要各级政府能够采取更加集中的支持，更加有效的举措，更加有力的工作，扎实推进深度贫困地区脱贫攻坚，深度贫困地区和贫困群众就一定能同全国人民一道进入小康社会。

以精准化生态扶贫促进可持续性脱贫

（2017 年 7 月国内外减贫热点专题评论）

精准扶贫已经成为中国新时期贫困治理基本方略，在精准扶贫各项实现路径中，生态扶贫则是最重要也是最具长远性和可持续发展的方式。中共中央国务院《关于打赢脱贫攻坚战的决定》明确提出了要把生态保护放在扶贫开发的优先位置，依靠生态保护和生态补偿来实现精准扶贫，让贫困人口从生态建设与保护中得到更多实惠。主要内容包括：第一，实施的退耕还林还草、天然林保护、防护林建设、石漠化治理、防沙治沙、湿地保护与恢复、坡耕地综合整治、退牧还草、水生态治理等重大生态工程，在项目和资金安排上进一步向贫困地区倾斜，提高贫困人口参与度和受益水平。第二，加大贫困地区生态保护修复力度，增加重点生态功能区转移支付。第三，结合建立国家公园体制，创新生态资金使用方式，利用生态补偿和生态保护工程资金使当地有劳动能力的部分贫困人口转为护林员等生态保护人员。第四，合理调整贫困地区基本农田保有指标，加大贫困地区新一轮退耕还林还草力度。第五，开展贫困地区生态综合补偿试点，健全公益林补偿标准动态调整机制，完善草原生态保护补助奖励政策，推动地区间建立横向生态补偿制度。可以说，这些生态脱贫政策，必将在助推贫困地区扶贫脱贫方面发挥重要的作用。但最终的效果则要看当地的执行情况，而关键是政策实施的精准性，即生态扶贫脱贫的精准性。生态扶贫生态脱贫则有其自身内在特点和规律，尤其是生态脱贫不仅要借助于自然生态循环规律、自然力发展演变规律和生态经济循环规律，同时也会受到当前社会经济发展及其制度约束，致使生态扶贫和生态脱贫效率和机制也会有所差异。那么，如何在精准扶贫、精准脱贫基本方略背景下，达到生态扶贫生态脱贫精准化，对我国扶贫脱贫起着重要影响作用。通过近几年对贫困地区调研来看，生态扶贫精准化需要注意以下五个重要方面。

一、提高生态政策和生态扶贫项目的益贫性

多年扶贫脱贫实践经验表明，影响扶贫脱贫政策效果的关键之一就是政策执行过程中的益贫性程度。很多地区在扶贫脱贫过程中往往很容易出现贫困村、贫困户或者贫困人口没有获得政策强有力支持，而是被一些非贫困户获得，其中一个关键因素就是政策益贫性出现了偏差。为了管理上的要求，提出了很多政策门槛，从而将贫困户挡在了政策范围外，生态脱贫政策同样如此。例如，国家要求“实施的退耕还林还草、天然林保护、防护林建设、石漠化治理、防沙治沙、湿地保护与恢复、坡耕地综合整治、退牧还草、水生态治理等重大生态工程，在项目和资金安排上进一步向贫困地区倾斜，提高贫困人口参与度和受益水平”，那么，笔者认为，“十三五”期间在项目安排上就要尽可能考虑到贫困地区；在贫困地区中，又要尽可能考虑到贫困发生率较高的地区；在贫困发生率较高的地区，则要优先考虑到贫困程度较高的贫困村和贫困户能够收益。为此，就要做到，第一，国家在“十三五”期间要继续加大生态脱贫项目的投资规模。第二，不断扩大生态扶贫脱贫的范围。第三，要提高贫困地区生态保护的标准，例如，生态补偿的标准在贫困地区就应该适度地提高一点。这样才能算作生态扶贫生态脱贫，否则，仅仅只能算作是生态发展的补偿，而补偿就是对其一定程度上的利益上损失的补偿，还不算作是一种扶贫脱贫。更何况，贫困地区作为国家主体功能区和我国生态保护的主要职能担当者，生态保护是以牺牲自身发展机会为前提的，因此，国家不仅应该补偿，而且应该以其相应机会成本或者其他地区的平均收益作为回报，更应该为此而进行国家奖励。与此同时，假如是生态脱贫政策，则应该在此基础上再加上扶贫脱贫的政策优惠倾斜和标准的提升，这才能算作是生态扶贫和生态脱贫，也就是说生态扶贫生态脱贫要遵循从原先“取”到现在“予”转变，即给予的政策转变，正像不仅要取消农业税，而且要给予农民种粮补贴一样。同时要研究贫困地区生态脱贫新政策。从“无”到

“有”的转变，例如就要借鉴农村以前没有退休养老制度，增加农村的政策也要能获得养老保障制度一样，研究并实施贫困地区生态保护的国家补贴或者奖励制度。从“分”到“合”即从城乡分割到城乡统筹融合转变，也就是说贫困地区与非贫困地区在生态社会福利保障等方面剔除分割局面。从“歧视”到“平等”的转变即改变以前城乡二元隔离制度导致的歧视政策。贫困山区农民也应该有城市居民获得生态保护政府支出的利益享受。

二、保障生态扶贫对象的精准化

生态扶贫对象及其精准识别是生态扶贫精准化基础，精准化预示着要完全的准确和科学，为此就需要保障政策在实施过程中的公平、公开、公正、平等，要保障确定生态扶贫脱贫对象的科学化和合理性。要借鉴国家精准扶贫精准脱贫方法和要求，使得生态扶贫生态脱贫对象精准化。将生态环保指标纳入到精准识别体系之中，将生态扶贫对象甄别出来。其次，再通过深入贫困户家庭，运用实地考察、访谈、问卷等方式开展贫困状况调查和建档立卡工作，了解致贫的主要原因，掌握帮扶需求，明确帮扶责任，确保贫困识别的精确率。

三、促进生态扶贫帮扶方式的精准化

生态扶贫精准化的方式，即指利用恰当的生态手段或方法实现脱贫的目的，方式的精准度体现在对致贫原因的准确把握。由于致贫原因的多样性和差异性，生态扶贫精准化需要高度的针对性，即要做到对症下药、靶向脱贫。通过实践，我们认为，应该从以下几个方面尽可能实现生态扶贫帮扶方式的精准化，或者说提高生态扶贫脱贫的精准程度。其一，生态项目确定与贫困地区的需求相一致，与消除贫困地区的致贫因素相对应。例如，对于水土流失严重和灾害频繁的生态脆弱地区就可加大贫困地区生态保护修复力度，增加重点生态功能区转移支付。其二，帮扶行业的精准化。根据当地的实际困难和需求，则确定有哪些行业部门实施部门生态帮扶计划和措施。例如，对于自然保护区的贫困村和贫困户，则可确定由建立国家公园体制管理部门来负责其扶贫脱贫，以发挥其优势。其三，生态扶贫脱贫方式的精准化、多样化。针对不同实际需求和资金投资情况，则可采取多种生态扶贫方式。例如，通过创新生态资金使用方式，利用生态补偿和生态保护工程资金使当地有劳动能力的部分贫困人口转为护林员等生态保护人员等，有些还可以通过矿产资源资产化的方式等来综合实施生态扶贫脱贫。

四、生态扶贫管理体系的动态化和精准化

生态扶贫精准化工作的核心工作之一就是推动扶贫管理的创新转型，建立全方位的扶贫信息网络是保证生态扶贫精准化行之有效的关键。通过对所有贫困户和贫困村用信息化的手段进行管理，强化生态扶贫管理体系的科学化、高效化、动态化，以保证贫困治理的成效，进而实现精准脱贫的目标。在生态扶贫生态脱贫过程中，由于自然生态资源环境的多样性和复杂性，使得其生态扶贫脱贫也将会随时间出现新变化，为此，就需要不断地进行动态的调整变化，不断调整生态扶贫脱贫方式和帮扶结对部门以及生态扶贫的范围，优化生态扶贫重点分布和对象，适时提高生态扶贫的标准，将生态脱贫在动态变化中保持精准化。例如，国土资源部在国土政策扶贫中很多就是生态扶贫脱贫的方式，包括矿产资源开发保护等扶贫脱贫政策、国土整治扶贫中的高标准农田建设、土地复垦和生态修复等的管理中。最近，国土资源部正不断实施动态优化管理政策和各项改革创新措施，来促进贫困地区的生态扶贫脱贫效果。

五、生态扶贫考核评估机制的科学化

生态扶贫精准化需注重并强调生态脱贫人口及时退出扶持范围，同时让需要帮助的贫困人口尽快地进入扶助群。为此，应针对贫困户和贫困村生态脱贫成效，完善贫困县退出机制，建立严格的生态扶贫考核机制。一方面，要细化完善考核指标，健全精准科学的数据采集和实时监测评估体系，加强对贫困县扶贫工作情况的量化考核，强化生态扶贫精准化政策实施效果。另一方面，借助有关科研机构和社会组织进行第三方评估，提升生态扶贫绩效机制的有效性和可信性。与此同时，要逐步建立以考核结果为导向的激励和问责机制，将生态扶贫效果与生态扶贫生态脱贫的投资相

结合。最后，还要借助通过国家开展的自然生态资源调查和核算，为生态扶贫脱贫政策和实践创新提供参考。例如，通过对全国自然生态资源进行资产核算，依照绿色经济增长速度、真实进步指数和绿色减贫指数等来考核地区经济发展和贫困地区的减贫成效，将会大大提升贫困地区生态扶贫生态脱贫的效率和精准度，而这些都是生态扶贫生态脱贫在未来走向绿色减贫大战略的重要基础，更是2020年后中国国际减贫合作交流和实现联合国2030年可持续发展议程目标的重要基础。开展中国绿色减贫指数开发应用及绿色减贫测度和考核评估，将对生态扶贫精准化起到重要促进作用。

中国减贫实践新探索：世界减贫合作与发展的新贡献

（2017 年 8 月国内外减贫热点专题评论）

众所周知，减贫是联合国 2030 年可持续发展议程优先关注的首要任务。但与以前有所不同，在实现和完成联合国千年减贫发展目标后，世界减贫合作与发展将会跨入新的历史阶段，一个明显变化就是中国不仅成为全球最早实现千年减贫发展目标的发展中国家，也是制定和推动 2030 年联合国可持续发展目标、坚持减贫和共享发展、建立人类命运共同体的主要推动者和倡导者，也必将成为新时期世界减贫合作与共享发展跨入新阶段的示范者。究其原因，关键是新时期中国减贫理论和实践探索的新模式、新经验为国际减贫合作提供了更多的合作机遇条件和共享发展的友好意愿。随着世界减贫合作与共享发展跨入新阶段，中国减贫经验必将成为新时期国际减贫合作与共享发展的重要示范性案例，进而被世界各国所交流、学习并共享。

第一，精准扶贫新探索，成为新时期中国减贫理论和实践新经验，也成为国际减贫合作与共享发展的重要契合点。在成功探索和实施了改革开放后的开发式扶贫、社会扶贫和片区推进扶贫等成功经验模式之后，从 2013 年开始，中国实施的精准扶贫精准脱贫，无论从顶层设计、政策体系还是实施过程中的精准识别、精准帮扶、精准项目、精准资金和最后的精准脱贫，都建立起来了一套完整的政策、制度和保障体系，创造了新的减贫经验。尽管有人可能会否认精准扶贫的国别推广性，但无法否认精准扶贫精准脱贫方法和方式的创新性、系统性和管理有效性。可以说，精准扶贫精准脱贫将因承载中国2020年完成历史性减贫目标而载入史册。

第二，绿色减贫是中国扶贫开发实践中的一项新理念和新经验，也是未来国际减贫合作与共享发展的重要内容。笔者认为，绿色发展和扶贫脱贫是中国新时期国家发展战略重要内容，绿色减贫已经成为中国扶贫脱贫的战略性选择。从中国扶贫脱贫实践看，中国绿色减贫的新变化和新特点主要体现在：中国绿色减贫已经从单纯的绿色减贫理念，上升到了绿色减贫的政策层面和制度层面，进而又推进到了多项绿色减贫创新实践，中国绿色减贫新方式主要包括了光伏扶贫、旅游扶贫、“互联网＋扶贫”和文化减贫等。实践证明，绿色减贫是中国开发式扶贫的深化和提升，是一种可持续性扶贫，是一种低碳扶贫方式，是推进精准扶贫精准脱贫的最有效方式。它不仅提高了精准扶贫精准脱贫的科学性和完整性，而且也使得精准脱贫持久性效果得以实现。也就是说，中国减贫不仅仅是单纯为了实现减贫目标，更重要的是要兼顾环境资源保护和绿色发展的人类生态文明目标的新追求。同时，“一带一路”倡导也成为中国开展绿色减贫国际合作与共享发展的重要示范带，也预示着绿色减贫将在世界范围内有着新前景和新期许。

第三，减贫政策与社会保障相衔接的“两线合一”制度新探索是新时期中国解决扶贫脱贫的重要经验之一。与以前有所不同，中国新时期扶贫脱贫将对有劳动能力者实施多项扶贫开发政策（帮扶政策、产业、生态、教育、易地搬迁等），对丧失劳动能力者采取低保兜底政策，并最终实现贫困线和低保线“两线合一”，从而将所有农村贫困户都纳入到扶贫脱贫的范围内，实施全覆盖性的脱贫。对此，中国政府民政部和扶贫办系统以及地方政府制定了有效的制度和政策保障措施。因此这也是新时期中国扶贫脱贫的又一项新经验和新做法。

第四，政府、市场和社会协同推进的大扶贫创新模式，也是新时期中国减贫的新经验，完全可以成为国际减贫合作和共享发展的重要内容之一。中国社会化扶贫的重要基础就是2013年以来国家实施了补短板的扶贫优先和倾斜性政策以及建立了减贫是全社会共同责任的理念。在此基础上减贫成为第一民生工程，甚至成为统领贫困地区发展的第一要务，从而动员了全社会资源和力量投入到脱贫攻坚战中，提升了减贫的效率。

第五，各种形式的减贫新方法、新方式和新业态以及扶贫新品种的推出，是新时期中国扶贫脱贫的重要经验。例如，中国国土资源部在促进扶贫中实施了易地扶贫搬迁、复垦和增减挂钩土地指标交易、土地整治政策等。此外，在金融扶贫中，除了包括小额信贷、互助资金外，还出现了资产收益性扶贫、大病补充医疗保险全覆盖、各种新型保险扶贫新品种、新方式等。这些都是新时期中国扶贫脱贫中出现的创新模式，也将成为推进国际减贫合作和共享发展的重要经验，在推进中国扶贫经验推广方面发挥积极作用。

学习和共享各国减贫经验，推动世界减贫合作与共享发展跨入新阶段，将成为世界减贫合作与发展的新潮流。伴随“一带一路”倡导共识认可度的提升和快速推进，加强减贫合作交流和共享发展的平台、机遇将会不断增多。在很多国际减贫实践中，如泰国“乡村发展计划、小农发展规划和乡村就业工程”、巴西“家庭补助金计划”、法国“积极就业团结收入”等经验，都值得学习和借鉴。中国作为减贫成效最显著、探索创新经验比较突出的大国，在未来的国家减贫合作中，必将在共享发展中不断取得新成果，为国际减贫和人类命运共同体的文明进步作出新贡献。

十八大以来中国绿色减贫的创新特色与思考

（2017年9月国内外减贫热点专题评论）

十八大以来，中国扶贫进入到了新的历史阶段，这不仅仅体现在精准扶贫精准脱贫基本方略的实施，而且呈现于将中国扶贫脱贫2020年战略目标实现与未来长远的发展和扶贫战略的融合。其中，突出表现就是将中国绿色减贫研究从理念到行动，从行动到政策制度顶层设计，进而扩展到绿色减贫的创新性特点。

一、中国绿色减贫的创新特色

仔细分析和总结不同区域在中国绿色减贫领域的实践探索创新，其新特色主要表现在以下三大方面：

第一，中国绿色减贫内容多维度化。十八大以来，随着生态文明建设的推进，绿色减贫理念在中国逐渐突显出来，已经从早先单纯以经济维度为目标的单维度减贫逐渐向绿色减贫转变。从内容来看，绿色减贫主要以可持续发展为原则，以提升贫困人口生活水平为目标，根据“两不愁三保障”的建设目标而制定的多维度战略。根据北京师范大学中国扶贫研究中心所发表的《中国绿色减贫指数报告》，绿色减贫含义主要包括经济增长绿化度、资源利用与环境保护程度、社会发展能力和扶贫开发与减贫效果四项内容。与以往仅依靠经济为标准的减贫模式相比，绿色减贫多维度内容主要有几点优势：第一，内容更全面。它可以更为准确地衡量贫困人口的生活状态和需求，从根本审视贫困问题，更有助于精准扶贫、精准脱贫。第二，更具可持续性。绿色减贫以生态保护为原则开展减贫，为贫困地区提供较好的外部环境，可以更长效地保证当地的发展条件。同时，绿色减贫从社会保障、健康等多方面对贫困人口进行扶持，防止仅靠经济扶贫造成的返贫现象出现，因此减贫效应更为长效。

第二，绿色减贫机制的可持续性。绿色减贫机制主要包含两层意思，第一层意思就是所谓的“既要金山银山，也要绿水青山”，其本质是站在生态环境保护的角度进行减贫，为减贫工作确立了一个生态红线。因此在这样的原则下绿色减贫保证了贫困地区生态环境的承载能力，为贫困地区整体的可持续发展提供了一个较好的外界条件。第二层意思是“绿水青山就是金山银山”，本质是通过合理开发贫困地区自然资源的生态价值，使其转化为经济和社会价值，惠及贫困地区。同时，产生的价值还可以再一次投入到当地的绿色资源上，形成新一轮的转化，形成贫困地区内部的可持续发展动力。因此，绿色减贫机制实现了绿色资源向经济和社会价值转化的循环，具有较高的可持续性。

第三，绿色减贫方式多元化。绿色减贫基于多维度的内容，相应地在实行过程中也突破了以往政府主导的减贫方式，采取的方式也比较多元化，主要方式为：绿色企业带动扶贫。贫困地区的绿色企业拉动是贫困人口脱贫的一个重要路径。企业通过对贫困人口采取绿色项目倾斜支持、减缓贫困人口就业压力等方式对贫困人口进行直接和间接的经济带动作用，主要表现为：①贫困户优先务工，促进贫困户脱贫。这是企业对于贫困人口的最直接带动渠道，由于大多数贫困人口收入水平低，没有能力和资金进行自主创业，或者有一部分贫困人口因为子女、老人及自身原因无法外出务工，因此，企业针对这部分人群直接采取务工的方式进行扶持。首先，在投入方面无需贫困人口负担资金，并通过为其打工支付其一定的经济酬劳，减轻贫困人口及家庭的经济压力。其次，企业可以就近为贫困人口安排就业，解决了外出打工所带来的家庭问题及成本问题，对贫困人口生活质量的提高具有很大影响，而且也缓解了贫困村因为外出劳动力过多而造成的乡村空心化现象。最后，企业通过对贫困人口进行观念上的培训和技术上的指导等综合培训扶持，提升贫困人口的发展意识和专业技术水平，使贫困人口在提升专业知识的同时，逐渐形成减贫的主动性和积极性，为今后贫困人口自主发展产业提供内在基础。②入股分红，对贫困户创业进行资助。除了直接务工以外，企业还会对贫困人口提供一定的投资机会，贫困人口可以用一部分扶贫资金入股，由农民变为股民，享受到企业带来的红利，按股分红，这样贫困人口不仅可以获得务工收入，同时通过入股也能得到经济效益，获得双向收入。③通过与贫困村专业合作社及大户开发项目，直接或间接带动贫困户。由于贫困人口分散，贫困类型多样化，因此企业对贫困人口“一对一”式的扶贫规模较小，拉动能力有限。因此，对于部分贫困人口比例较多的贫困村，企业可以直接与当地大户以及专业合作社进行项目合作，从而带动贫困人口脱贫。企业对大户或者专业合作社提供产业贷款资金、技术培训、产品销售等全方位的扶持，保障了整个产业的经济效益。在整个扶持过程中，为了进一步带动当地贫困人口脱贫，使经济效益尽可能地精准到贫困人口上，企业和政府对大户和专业合作社都有一定的要求，比如分配贫困人口一定的参与比例、给大户或者专业合作社一定的扶贫脱贫任务，从而激励其对贫困人口的倾斜扶持。

二、中国绿色减贫形成的启示和思考

基于以上总结出的绿色减贫创新特色，结合我国未来扶贫脱贫趋势，尤其是中国在全面建成小康社会阶段性目标的历史性进程中，着眼于扶贫脱贫的长远性和可持续性发展以及构建人类共同体目标，可以得出如下启示和思考：

第一，聚焦转型发展，重点强化绿色性，利在当前，功在千秋。生态文明建设与经济发展并不矛盾。虽然生态文明建设的提出正是基于对高投入、高消耗、高污染和低产出、低效益、低品质的传统发展方式的系统反思，但是生态文明建设不是不发展，而是要高产出、高效益、高品质的发展。发展也不仅仅是指经济发展，更不能简单地等同于 GDP 增长，资源节约、环境保护、生态保育、科技创新、文化繁荣和社会进步等都是发展的重要内容。“绿水青山就是金山银山”，破坏了绿水青山的金山银山，宁可不要；以贫困地区人身健康为代价的发展，宁可不要；损害贫困地区根本利益的发展，宁可不要。因此，应尽快促进连片特困地区转型发展，不要走先污染后治理的老路，应以新型工业化、新型城镇化建设为契机，重点强化经济、当地县域经济发展的绿色性，充分挖掘连片特困地区各自特色的绿色资源，形成持久发展动力。

第二，聚焦理念引导，重点强化文化性，形成人类文明进步的标志。绿色减贫强调在发展中要尊重自然、顺应自然、保护自然，特别强调转变发展理念，强调体制创新、机制创新、科技创新，强调转变生产方式和生活方式，要求从每个人做起、从现在做起。要实现绿色减贫，就必须将理念提出和顶层设计相融合。特别是在发展观念、环境意识上，需要落实到每个公民、每个家庭、每个单位、每个组织的资源节约、环境友好、生态保育等行为上。将生态文明建设理念、可持续发展理念，向基层干部、向群众解释。这需要基层政府以具体举措贯彻落实，需要基层政府鼓励和引导。只有基层干部、广大群众认识到绿色发展的好处，才能从根本上促进绿色减贫战略的成功实施。因此，贫困地区绿色减贫不能忽视价值、文化层面的影响，重点应把培育绿色发展和生态文化作为重要支撑，将绿色发展、生态文明纳入社会主义核心价值体系宣传当中，加强绿色发展、生态文化的宣传教育，倡导勤俭节约、绿色低碳、文明健康的生活方式和消费模式，提高全社会生态文明意识。

第三，聚焦脱贫奔康，重点强化包容性，有容方为大。贫困地区能否全面建成小康社会，关键在贫困地区、贫困人口能否脱贫，关键在于将绿色发展与包容性减贫相结合，走包容性绿色发展的脱贫之路。包容性绿色发展可通向可持续发展之路，其本质是强调机会平等的增长，为贫困人口创造越来越多的机会，为贫困人口提供创造和提升其能力的方式，为贫困人口提供免遭暂时或持久性生计损失的方法。只有让绿色发展的成果为贫困地区、贫困人口共享，才能进一步坚定贫困地区绿色发展的道路。现行资源开发机制的不公，客观上导致了资源开发过程中利益分配的失衡，积极创新收益补偿机制，建立健全资源补偿制度，完善税收制度，是实现绿色减贫的关键一步。因此，绿色减贫必须强化绿色发展的包容性，通过减税和加大税收返还力度，增加中央政府对资源所在地政府以及居民的经济补偿；建立自然资源的折旧补偿制度，避免资源在开发与利用过程中的流失和消减。通过建立资源耗减及补偿账户，加大对资源开发与利用企业的资源折旧与耗减核算，实现资源的资产化管理，帮助片区将“资源优势”转化为“经济优势”，使资源收益实现共享，最终在各贫困片区内实现包容性发展。

第四，聚焦公共服务，重点强化内生性，内心强大才久远。绿色减贫之所以有利于贫困地区持续、稳定脱贫，关键在于其可持续发展成果的共享，而且共享机制中的公共服务机制尤为关键。特别是就目前连片特困地区脱贫的障碍来看，急需提升的公共服务是教育和基础设施建设。一方面，广泛宣传各片区农户脱贫致富的典型，找到适合自身发展的路径，实现扶贫工作从被动扶贫到主动扶贫的转变，从根本上提升贫困人口的内生动力，增强贫困人口自身的“造血功能”。另一方面，提升片区与发达地区交通联通以及区域内部交通网；注重继续实施投资基础设施建设的政策，在片区内修建通县公路、通乡公路和实行村村通等，实现区域内部经济一体化，降低区域内部及与发达地区间的交易成本，为片区脱贫攻坚奠定坚实基础。总之，绿色减贫应重点瞄准公共服务，特别要注重政府政策调控与服务，将生态补偿等绿色经济成果转化为良好的公共服务，尤其是要提升教育与基础设施建设水平。

第五，坚持绿色发展，实现绿色减贫，跨入生态文明新阶段。绿色减贫是贫困地区贯彻落实绿色发展理念的重要体现，贫困地区坚持绿色减贫，实现绿色发展是必然趋势。首先，要把结合生态保护的脱贫作为重要路径，牢固树立绿水青山就是金山银山的理念，始终把生态保护放在优先位置，努力实践探索生态脱贫的新路子。这个过程中，要坚持完善绿色减贫机制。当前最主要的是要在扶贫开发工作中加强长效考核体系建设，体现绿色减贫的价值取向。建立干部考核办法，贫困地区资源产权和用途管制，能源、水和土地节约利用，资源环境承载能力监测预警，生态补偿等方面都需要进一步加强相关的制度建设。同时，要加强案例研究，各地在光伏扶贫、旅游扶贫、绿色产业扶贫等实践中积累了很多经验，通过案例总结可以提炼各地创新发展的思路，进而可以因地制宜选择发展环境友好型、生态友好型产业，为同类地区推进绿色减贫提供借鉴。

第六，调动政府、企业和社会多方力量，统筹开发与保护，点绿成金。大型生态治理和修复项目，资金需求大、技术难度高，需要政府统筹资金、协调各方力量、搭建合作平台，为推进生态扶贫提供服务保障；生态修复后也需要政府参与管护，巩固生态建设成果。生态扶贫的核心目标是促进农户脱贫增收，要大力实施精准扶贫战略，充分调动农户参与保护和开发的积极性，激发困难群众的内生动力，不断提升农户的可持续发展能力。扶贫开发，产业是支撑，要以市场为导向，积极引导企业参与生态建设，发展生态经济，吸纳贫困人口就业，把生态资源优势、人口资源压力转化为经济优势。实现生态、环境、经济与社会相协调的可持续发展，关键在于建立政府、企业和群众协同发展的共赢机制。从政府的角度来看，首先，要以市场化为导向，完善体制机制，引导企业通过创新技术不断提升市场竞争力和产业发展效益，带动农户脱贫致富；其次，要完善产权制度，创新政企合作方式，充分调动企业参与产业扶贫的积极性；要引导企业和农户建立多元化的利益共享机制，根据不同农户的资源禀赋特征，实施一户一策，做到精准扶贫。

新时代中国扶贫脱贫新征程

（2017 年 10 月国内外减贫热点专题评论）

中国共产党第十九次全国代表大会于 10 月 18 日至 24 日在北京举行。习近平总书记所作的《决胜全面建成小康社会夺取新时代中国特色社会主义伟大胜利》的报告，回顾和总结了过去 5 年的工作和历史性变革，作出了中国特色社会主义进入了新时代、我国社会主要矛盾已经转化为人民日益增长的美好生活需要和不平衡不充分的发展之间的矛盾等重大政治论断，深刻阐述了新时代中国共产党的历史使命，确立了习近平新时代中国特色社会主义思想的历史地位，提出了新时代坚持和发展中国特色社会主义的基本方略，确定了决胜全面建成小康社会、开启全面建设社会主义现代化国家新征程的目标，对新时代推进中国特色社会主义伟大事业和党的建设新的伟大工程做出了全面部署，这是全党和全国各项工作的行动指南，也同样是我国打赢脱贫攻坚战和 2020 年我国扶贫脱贫的行动指南。

可以说，历史将中国推向了创造新时代更加灿烂和更加辉煌的新征程，以及新时代中国扶贫脱贫新征程。

一、扶贫脱贫战略定位进一步提升

首先，报告中充分肯定了扶贫脱贫取得历史性新贡献。“脱贫攻坚战取得决定性进展，六千多万贫困人口稳定脱贫，贫困发生率从百分之十点二下降到百分之四以下”。这一判断和实实在在的数据，是对五年来脱贫攻坚历史性成就的最有力诠释。

第二，报告专门强调了坚决打赢脱贫攻坚战。“让贫困人口和贫困地区同全国一道进入全面小康社会是我们党的庄严承诺。要动员全党全国全社会力量，坚持精准扶贫、精准脱贫，坚持中央统筹、省负总责、市县抓落实的工作机制，强化党政一把手负总责的责任制，坚持大扶贫格局，注重扶贫同扶志、扶智相结合，深入实施东西部扶贫协作，重点攻克深度贫困地区脱贫任务，确保到2020年我国现行标准下农村贫困人口实现脱贫，贫困县全部摘帽，解决区域性整体贫困，做到脱真贫、真脱贫”。可以说这是党的代表大会正式报告中，扶贫脱贫文字最多的一次，可见党对扶贫脱贫的高度重视。习近平总书记报告中不仅把扶贫提高到新的战略高度，也对扶贫攻坚提出了新目标、新任务、新方略和新要求。

第三，进一步提升了扶贫脱贫的战略地位。在以前提出“举全党全社会之力，坚决打赢脱贫攻坚战”基础上，强调了“全部脱贫是党对全国人民的庄严承诺”。要“使全面建成小康社会得到人民认可、经得起历史检验”。这既是十九大报告提出的“坚决打赢脱贫攻坚战”的新任务、新要求，更是中国共产党作为一个有担当、负责任的执政党向世界所做的宣言。

第四，肯定了扶贫脱贫问题成为“新时代”下经济、社会发展的短板之一，或者说最突出的首要短板正像报告中所说“民生领域还有不少短板，脱贫攻坚任务艰巨，城乡区域发展和收入分配差距依然较大，群众在就业、教育、医疗、居住、养老等方面面临不少难题。脱贫攻坚首要短板，这既是扶贫脱贫的新目标，也是扶贫脱贫的新任务。

第五，将扶贫脱贫列入中国特色社会主义进入新时代下，我国社会主要矛盾已经转化为人民日益增长的美好生活需要和不平衡不充分的发展之间的矛盾的主要表现。扶贫脱贫就是解决贫困地区和贫困人口“人民日益增长的美好生活需要和不平衡不充分的发展之间的矛盾”。

第六，结合脱贫攻坚的具体情况提出了三个比较具体的新要求和新方略，也是脱贫攻坚的重点方向、思路：其一，注重扶贫同扶志、扶智相结合。贫困地区可持续发展依赖于贫困人口、贫困地区的内生动力，也就是自我发展的渴望和能力，发展的渴望就是“志”、能力就是“智”。物质扶贫是基础，而精神扶贫更重要且更长远。其二，坚持大扶贫格局，深入实施东西部扶贫协作。东西部协作扶贫是中国特色扶贫开发机制的重要组成部分，充分体现了社会主义国家的政治优势和制度优势，通过东部支持西部，发达地区支持贫困地区，在脱贫攻坚方面取得了重大的成效。有理由相信在打赢脱贫攻坚战和解决区域协调发展问题上，东西部扶贫协作还能发挥更大的作用。大扶贫格局就是要建立和构建国家、市场和社会融合的大扶贫新格局，扶贫脱贫是全社会的责任，人人都有扶贫脱贫的担当。其三，重点攻克深度贫困地区的脱贫任务。未来一段时间，深度贫困地区和深度贫困人口是脱贫攻坚的坚中之坚，深度贫困地区的贫困人口从国家层面主要是指“三区”、“三州”和三类人群。“三区”是指西藏、新疆南疆四地州和四省藏区，“三州”是指甘肃的临夏州、四川的凉山州和云南的怒江州；三类人群是指面上的三个贫困群体，主要包括：因病致贫人群、因灾和市场行情变化以后返贫的人员以及贫困老人和妇女儿童等脆弱群体。

二、扶贫脱贫在新时代被赋予了历史性新使命和新征程

伴随精准扶贫思想指引脱贫攻坚目标在2020年的如期实现，新时代解决我国社会主要矛盾转化为人民日益增长的美好生活需要和不平衡不充分的发展之间的矛盾的新任务，精准扶贫思想正不断丰富和发展。但毋容置疑，精准扶贫仍将成为解决中国贫困地区与发达地区的平衡发展、充分发展的新遵循，指导着我国理论工作者和实践工作者去积极探索和创新。与此同时，精准扶贫还将成为中国推动实现2030年可持续发展目标议程和面临引领构建人类命运共同体的新任务和新期待。精准扶贫不仅是中国扶贫理论体系成果和智慧结晶，更是世界扶贫脱贫新成果与智慧的新体现，历史已经将中国扶贫脱贫与世界扶贫脱贫相联结，新期待已经将精准扶贫理论和智慧结晶列入了世界扶贫脱贫的理论宝库。新期待，预示着新责任和新担当，预示精准扶贫理论和实践创新任重道远。因此，从消除绝对贫困向缓解和减轻相对贫困转变，从主要解决农村贫困向主要解决城乡贫困相融合方向转变，从主要解决国内贫困问题向在解决国内贫困的同时，逐步加大构建世界和人类命运共同体的担当和责任转变。

绿色减贫是少数民族深度贫困地区脱贫的有效路径

（2017 年 11 月国内外减贫热点专题评论）

解决深度贫困问题是我国现阶段脱贫攻坚的重中之重、坚中之坚，而少数民族深度贫困地区又是深度贫困的关键之关键。尤其是少数民族有区域地理、历史文化等特殊性，如何制定适合有效并有利于少数民族深度贫困地区的减贫脱贫路径，就成为摆在当前脱贫攻坚战中迫在眉睫的任务。对此，笔者认为，从 2020 年脱贫攻坚战目标和未来我国新时代两步走的长期战略目标看，少数民族地区深度贫困脱贫有效路径就是——绿色减贫（这里所说的“绿色减贫”是就其特殊的“社会生态”而言，并非仅就其自然生态系统而言）。绿色减贫不仅是当前而且是未来破解少数民族地区深度贫困的有效路经。为此需要做到四点：更加重视少数民族的特殊性是破解少数民族地区深度贫困问题的重要前提；坚持和深化“精准扶贫精准脱贫”方略是少数民族深度贫困地区绿色减贫的制度保障；积极探索和构建少数民族自身特色的绿色减贫产业体系是少数民族地区深度贫困脱贫的最有效保障；强化与完善基础设施和公共服务是少数民族地区深度贫困脱贫的重要基础保障。

一、目前少数民族地区扶贫脱贫中存在的主要问题

了解少数民族地区深度贫困之根源和我们在扶贫脱贫工作中存在的问题是下一步制定少数民族深度贫困脱贫政策的前提和基础，通过调研发现，当前少数民族地区扶贫脱贫过程中存在的主要问题有以下几个方面：

第一，对少数民族地区深度贫困的特殊性认识不够，导致扶贫脱贫措施针对性不强，一些地方脱贫效果不明显。首先，少数民族深度贫困地区历史文化具有很强的特殊性，在长期生活过程中形成了独特的生产生活方式、相对独立的民族文化，以及独特的价值观念、道德体系和行为规范，与扶贫脱贫理念容易发生文化冲突，从而导致积极性不高、内在动力缺乏和扶贫脱贫效果不明显。其次，少数民族地区的生活居住环境具有很强特殊性，受目前条件制约，现代生产生活的适宜空间资源极为有限。我国少数民族深度贫困地区大多处于偏远山地、高原、裸岩、岩溶、干旱和高寒阴湿地区，自然灾害频繁、基础设施薄弱，抵御各种自然风险能力较弱。再次，少数民族深度贫困地区的组织管理方式具有很强的特殊性，其传统的“长辈式”、“族长式”管理方式依然在乡村中有着重要影响力。少数民族深度贫困脱贫过程中，村民代表往往是各家族或氏族最有影响的人，与一些汉族地区村民代表产生方式有一定差别。综合以上可以发现，对少数民族地区的特殊性认识不够，将普遍通用的政策运用到少数民族地区，尽管其力度范围帮扶方法等更加优惠于其他地区，但民族地区的接受程度、认可程度和扶贫脱贫效果却不尽理想。其根源是，政策往往前期缺乏对少数民族特殊性深刻清楚的认识，通用性措施多，而针对性措施少，政策有效性就会大大降低。

第二，对少数民族深度贫困地区的民族传统文化重视不够，忽视了少数民族文化的传承保护和发展。调研中发现，少数民族深度贫困地区脱贫过程中，很容易忽略保护与继承民族文化，各地扶贫脱贫工作重心更加重视基础设施建设、公共服务设施建设、生产生活条件改善这些方面，对于少数民族文化的发展重视程度严重不足，在一定程度上忽略了少数民族文化的传承与发展。另外，在少数民族深度贫困地区脱贫过程中，重点关注现代化基础设施的建设和发展，而忽略具有特殊性民族特色建筑格局和风格的保持与弘扬，未能在经济发展的同时进一步丰富民族文化活动。例如，少数民族地区的梯田、苗药、土司遗址、民俗活动等物质与非物质文化遗产的开发和利用还远远不够，缺乏对民族特色文化的充分考量，尽管可能取得一定经济效益，但却带来了部分民族特色文化的流失。

第三，少数民族深度贫困地区扶贫脱贫资金缺口还相对较大，制约了少数民族地区深度脱贫的效果。资金不足虽然是中国当前扶贫脱贫工作面临的共同问题，但是在少数民族深度贫困地区尤为明显。首先，由于少数民族深度贫困地区改善生产生活条件的扶贫项目大多要克服自然地理条件的制约，资金需求远比平原贫困地区大得多；其次，由于少数民族深度贫困地区的地方财政自给率普遍较低，实力弱，在中央财政转移支付一定的条件下，脱贫攻坚项目的资金缺口就比较大。加上这些地区人力资本相对短缺，对资金的需求也更为强烈。

第四，少数民族深度贫困地区人口适应现代社会生存发展的能力较弱。少数民族地区深度贫困人口中，有很大比例是个人缺乏在现代社会中生存和发展的能力。首先，少数民族地区深度贫困人口接受现代学校教育水平有限，难以适应现代化经济发展的要求。笔者调研发现，少数民族地区贫困人口普遍为小学及以下文化水平，文盲半文盲比例有些竟高达40%，不会讲普通话的也比较多，这就严重影响其适应现代社会要求所应当具备的生存发展能力。其次，少数民族贫困人口缺乏各项现代产业化、工业化、信息化、市场化劳动技能培训，既影响了群众在当地的发展，也阻碍了劳动力的外向移动。由于少数民族地区特殊性，各种实用技术技能培训的效果不高，就业的持续性稳定性不高。再次，少数民族地区受文化技术因素影响，产业发展能力有限。笔者认为，在少数民族地区，对于特色产业培植不够，产业选择在市场开拓、产品更新方面滞后，导致产业发展缺乏可持续性。

二、积极探索少数民族深度贫困地区脱贫的绿色减贫新路径

破解少数民族地区深度贫困问题既要认清眼前的实际情况，又要着眼长远实现可持续发展；既要注重物质生产能力脱贫，又要注重精神文化要素脱贫。绿色减贫作为一种可持续创新理念，更加重视和强调社会效益、经济效益和生态效益的融合与共赢，更加重视人类发展和文明进步的提升，更加强调人与自然的和谐发展，笔者认为，少数民族深度贫困脱贫就是要走绿色减贫的新路径，践行绿色发展理念。

第一，更加重视少数民族特殊性是破解少数民族地区深度贫困绿色减贫的基本前提。任何扶贫脱贫措施都要基于目标对象的现实情况，破解少

数民族深度贫困问题首先要认清和重视其特殊性，为此要做到四个更加注重：（1）更加注重各类政策措施的特殊性与针对性。在制订国家、地区和部门的各类规划时，更多考虑少数民族地区深度贫困的特殊性诉求，可以更多地酌情出台针对少数民族地区深度贫困扶贫开发的专项规划；（2）更加注重各类政策措施向少数民族深度贫困地区的倾斜和优先。各类扶贫开发政策要更加侧重少数民族贫困地区，特别是在资金支持、物资配备、发展机会等方面重点向少数民族地区倾斜。针对不同类型区域，制定差异化的扶贫减贫政策，采取分类指导办法，以经济发展阶段和特征为单元划分政策类型区，制定相应的扶持政策，切实提高政策的实施效果，有计划、有步骤、有重点地推进各项工作的开展；（3）更加注重少数民族深度贫困地区资金支持和融资渠道拓宽。建议分门别类设置扶持民族贫困地区发展资金，并在一般资金划拨过程中，建立专门款项目录以应对民族地区脱贫的特殊性。形成多层次阶梯型资金筹集绿色通道，通过划分明确的资金筹措任务来提高资金融通和使用的效益；（4）更加注重少数民族深度贫困地区农村劳动力的培训工作。建议少数民族地区劳动力培训要以充分考虑少数民族文化特殊性为前提，以技能培训为依托，改进和加大针对少数民族深度贫困人口的生存与发展能力培训，增强贫困人口脱贫致富的内生动力。

第二，坚定不移地实施和深化“精准扶贫精准脱贫”方略，是少数民族深度贫困地区绿色减贫的制度保障。在看到少数民族深度贫困地区文化差异的同时，既要坚定不移实施“精准扶贫、精准脱贫”的方略，努力实现脱真贫，真脱贫，也要认真对待边缘贫困问题，努力防止发生新的返贫。因为这些地方往往资源禀赋条件差，产业结构单一，农户收入差距不大，边缘贫困人口带有非常敏感的脆弱性，需要高度重视，认真对待。为此需要做到以下几点：（1）更加重视和提高少数民族深度贫困地区精准扶贫精准脱贫的针对性，加大基层干部宣传培训力度，努力提高扶贫帮扶的质量和脱贫效率及水平。（2）更加重视少数民族深度贫困地区脱贫户的返贫现象和贫困边缘村、边缘户的持续扶贫脱贫政策，保持扶贫脱贫措施的持续性和连贯性，加快解决少数民族深度贫困地区的区域性整体性贫困。（3）改进完善和创新符合少数民族深度贫困地区自身特色的考核评估机制和制度体系，提升扶贫精准度和脱贫真实度可信度。（4）充分利用和发挥少数民族特殊政策、绿色生态发展政策和区域发展政策，并将其融入到国家精准扶贫精准脱贫和深度贫困的政策体系之中，推进少数民族深度贫困地区扶贫脱贫整体效应的实现。

第三，积极探索具有少数民族特色的绿色减贫产业体系，是少数民族地区深度贫困脱贫的最有效保障。要实现少数民族深度贫困地区的长期可持续脱贫，必须走一条经济、社会、生态、扶贫共赢的道路，为此绿色减贫产业要做到四个结合：（1）少数民族特殊性与绿色产业发展理念相结合。建议立足少数民族地区的本土特色，投入专项资金，认真评估、充分挖掘少数民族的风俗、习性与传统，注重对少数民族独特性的保护与传承，在尊重少数民族发展的基础上，形成特色鲜明的少数民族产业发展理念。只有树立正确合宜的绿色产业发展理念，才能保障少数民族地区深度贫困脱贫的顺利开展。（2）生态资源与绿色产业发展模式相结合。以绿色生态资源为依托，推进生态农业与旅游、林业、文化、康养等产业深度融合，积极发展生态产业新业态，形成绿色生态产业新体系。由于少数民族地区地理差异大，绿色资源条件各异，针对不同区域的深度贫困应根据其绿色资源条件和农业资源禀赋因地制宜，形成具有自身区域特色的农业结构，对现有绿色生态资源的资产化、市场化和产业化发展进行探索，借助互联网等现代信息化手段发挥区域资源禀赋优势和后发优势。（3）文化资源与绿色产业发展模式相结合。进一步加大绿色文化的培养、保护、交流和宣传，充分挖掘少数民族梯田、草药、建筑等的绿色文化潜力，发挥少数民族资源、历史文化资源、红色革命资源的减贫作用。推进绿色教育的培训和提升，提升贫困人口对于绿色文化的保护意识及利用意识，提升绿色文化在贫困地区的重要地位，拓宽深度贫困地区在绿色文化中的减贫路径。（4）绿色产业脱贫与群众参与相结合。绿色减贫强调赋权和目标群众的广泛参与，以提升少数民族深度贫困人口的可持续脱贫能力为根本。在扶贫项目的选择、决策和实施过程中，应努力增强贫困群众的有效参与，激发其内生动力，不断完善参与和激励机制，提升绿色减贫政策的群众满意度。

第四，强化与完善少数民族基础设施和公共服务是少数民族地区深度贫困绿色减贫的重要基础保障。贫困的消除绝不仅仅是收入和资产的提高，更重要的是公共服务均等化共享。基础设施和公共服务作为社会经济发展的重要保障，在少数民族深度贫困地区脱贫中更加重要，为此要实现四个加快：（1）加快基础设施和公共服务设施建设，解决少数民族深度贫困地区外通内联区域交通骨干通道，推进交通项目建设；（2）加快实施重点水源、大型灌区续建配套与节水改造、农村饮水安全巩固提升等水利工程建设；（3）加快推进农村电网改造升级和配电网建设；（4）进一步加快实施农村义务教育薄弱学校改造、基层卫生计生服务体系建设等社会事业领域重大工程，提升基本公共服务能力。

论提升扶贫脱贫质量的路径和重点

（2017 年 12 月国内外减贫热点专题评论）

中国经济已由高速增长阶段转向高质量发展阶段，扶贫脱贫作为 2018 年三大攻坚战重要底线和基础之一，也同样在完成了 2017 年扶贫脱贫任务之后，转入到了脱贫攻坚质量提升的新阶段和关键时期。正如经济工作会议所提出的未来三年脱贫攻坚“要保证现行标准下的脱贫质量，既不降低标准，也不吊高胃口，瞄准特定贫困群众精准帮扶，向深度贫困地区聚焦发力，激发贫困人口内生动力，加强考核监督”，而核心就是提升扶贫脱贫的质量和水平。而提升扶贫脱贫质量和水平的重点主要体现在以下五个方面：其一，提升产业扶贫质量。其二，提升精准扶贫精准脱贫质量。其三，加大社会保障支持力度，促进乡村公共服务均等化。其四，提高乡村治理水平，促进贫困乡村振兴。其五，积极探索新机制，增强扶贫脱贫可持续性功能。

一、提升产业扶贫质量和水平是首要任务

提升产业扶贫脱贫质量和水平是提升扶贫脱贫整体质量和水平的关键。实践证明，在一定程度上说，产业扶贫质量决定着扶贫脱贫的质量和水平。那么，如何做呢？笔者认为，首先，产业扶贫结构上需进行调整和升级，提升贫困地区特色产业增收的比例。其次，需要尽可能地延长扶贫产业链，提升产业附加值，这是质量提升的基础。再次，就是扶贫产业选择上克服短期化行为，避免很多贫困地区产业扶贫中，因扶贫脱贫任务所迫，就选择短期化的扶贫项目和产业，造成产业发展后劲不足，脱贫的质

量低，稳定性差。与此同时，也需千方百计地提升产业扶贫的益贫度和参与度，克服产业发展了，减贫效果却低于经济发展速度或者贫困人口的收入和能力提升低于给非贫困人口带来好处的问题。为此，应重点保障和提升目前资产收益性扶贫、股份合作社扶贫中的贫困人口利益，并保障收益的长期性和分红持续性。

二、进一步提升精准帮扶的质量和水平是重要保障

如何提升精准扶贫精准脱贫的质量和水平？精准扶贫精准脱贫是习近平新时代扶贫思想的精髓，六个精准是其核心要义。提升扶贫脱贫质量和水平的核心就是要提升精准帮扶，即六个精准的质量和水平，主要包括驻村帮扶上要在原有基础上提升帮扶队伍的专业化水平和质量，避免驻村帮扶只注意过程而忽视效果的现象，从帮扶干部数量扩大转化到质量提升新阶段，一方面，要增加适合当地农村所需的行业/职业的帮扶干部和单位，另一方面，克服有些单位仅仅考虑为了完成下达的帮扶干部数量，而忽视哪些干部和单位更适合于帮扶农村所需。另外，在扶贫项目选择上的质量提升问题，扶贫项目一定要是最有效、农户欢迎且对农户有实质性提升的项目，克服目前扶贫脱贫项目短期化倾向导致的返贫隐患。此外，要提高扶贫资金使用效率和精准度，完善最严格的资金使用标准，发挥资金效应的最大化。在脱贫成效上，要从贫困群众的思想观念转变工作抓起，扶智与扶志相结合。脱贫成效考核除收入指标以外，重点考察贫困户的“两不愁，三保障”和贫困户的发展能力以及生活质量，确保脱贫的长效性和可持续性。

三、加大社会保障支持力度，促进乡村公共服务均等化是基础保障

精准扶贫实施以来，扶贫脱贫的效果明显提升和加快，尤其是收入增长和“两不愁”水平大幅提升，目前存在的主要问题还是集中在基础设施和公共服务质量和水平，也就是乡村公共服务均等化和社会保障的公平化。即未来一个时期扶贫脱贫质量的提高要转化到提升这些公共服务的“软件”方面，从而提升贫困户发展能力以及生活质量，确保脱贫的长效

性和可持续性。因此，强化住房保障和医疗与养老尤其是老弱病残群体则是重点，特别是大病和慢性病救助保障上的创新探索和老年群体养老模式创新。从医疗和养老方面来说，目前剩余的贫困群体主要是老弱病残，他们最需要的是医疗和养老保障。中央和省各种医疗保障政策基本上都已经出台了，但是落实效果不是特别好，特别是大病和慢性病的情况。未来一段时期要重点落实医疗救助政策，提高大病救助和慢性病救助标准，探索商业补充医疗保险机制，实现包括新农合在内的“四重”医疗保障。同时加强培训贫困地区和贫困村的医疗卫生人员的技能和水平，探索老年群体的居家养老和集中供养等模式，使贫困人群就地就近享受同等医疗和养老服务。

四、提高乡村治理水平，促进贫困乡村振兴是内在要求

贫困地区的扶贫脱贫更需要融合乡村振兴战略。也就是说在目前驻村帮扶、村第一书记以及驻村工作队等新机制条件下，从未来长远角度出发，以乡村振兴战略部署为遵循，按照“产业兴旺、生态宜居、乡风文明、治理有效，生活富裕”提升贫困地区扶贫脱贫质量和水平。为此就需要提升贫困村的治理能力，完善扶贫治理新机制，提升贫困村自我发展能力，培养一批贫困村的能人和村庄精英阶层，提升村庄的凝聚力，利用实施贫困村整体提升工程的机会，增强贫困地区和贫困群众自我发展能力。乡村振兴战略，精准脱贫是基础，发展产业是巩固成果，建设美丽和谐乡村、强化乡村自治能力是最终目的。这些都离不开人，要依靠农村自身，关键就是增强群众发展生产的信心和参与治理积极性，因此未来在硬投资的同时需要增加软投资比例，在扶贫脱贫项目中提升对群众培育自力更生的思想观念文化意识等知识培训，提高劳动脱贫致富传统文化观念意识传承，注重知识教育与传统文化等扶贫脱贫的内在动力机制培育。通过这些措施，群众的思想观念就会发生转变，生产能力就会提高，脱贫就成为必然结果，贫困乡村就能实现真正振兴。

五、积极探索绿色减贫新路径是提升扶贫脱贫质量的战略选择

积极探索绿色减贫新路径是增强扶贫脱贫可持续性功能、提升扶贫脱

贫质量的必然选择。为此，笔者建议：第一，积极探索绿色减贫财政奖励政策试点。贫困地区往往是生态功能区，大多属于限制开发区和禁止开发区，从而约束和限制了贫困地区扶贫脱贫方式路径和效果，但与此同时，这些地区往往又是空气水和绿色资源和环境较好地区，我们知道，绿色发展生态宜居是社会经济发展进步到既定阶段后的目标追求和必然选择，可以说，构建起绿色减贫的财政奖励制度是大势所趋，积极开展和创新绿色减贫财政奖励政策的新试点，很有必要。一种方法是确定对国家考核的化学需氧量、氨氮、二氧化硫、氮氧化物 4 种主要污染物，制定收费标准，例如按每吨 3000 元标准收取，然后，将此项收入主要用于对环境较好贫困地区的奖励。另一种方法是根据不同县域的空气质量、水质和绿色程度如森林覆盖率三项指标制定奖励标准，凡是高于标准者，就要付费，优于标准的贫困县则可以获得财政的奖励，这不仅提升了扶贫脱贫的质量和水平，也大大提升了绿色发展和生态文明建设程度。此外，同样也可以国家统计局新近刚刚发布的绿色发展和生态文明指数为依据，结合绿色减贫指数应用，制定财政奖励标准。第二，完善绿色资产定价体系，不断放大绿色资源资产收益和扶贫效应。让贫困地区绿水青山真正变成金山银山。目前针对资产收益制度已经有了广泛探索，但由于没有较为完善的绿色资产定价体系，绿色资产收益还未充分凸显。实践中，绿色资源的资产化和资本化的市场化程度不是很高。本来贫困地区通过绿色资源资产股份来分享其资产收益，但在实践中"量化入股"异化趋势明显，部分绿色资源实现"资产量化"后，名义上是入股，但实际上是"放贷"，只能享受到设定的"利息"或"股息"，原因就是绿色资源资产化和资本化的定价体系和标准尚未建立，导致了绿色扶贫产业的益贫性比较低，绿色资源的资产化和资本化收益较小。因此，只有完善绿色资源资产化和资本化定价制度，贫困地区绿色资源和绿色资产收益才能充分放大。因此，探索绿色资源定价机制，尝试建立绿色资产交易平台，开展绿色资产抵押、质押等金融制度，将会充分放大绿色减贫效应，提升扶贫脱贫的质量和水平。第三，完善和构建贫困地区生态补偿制度，提升绿色减贫效果。结合扶贫脱贫，构建和完善贫困地区生态补偿体系，重点是完善以绿色减贫为核心的贫困县考核机制，以绿色减贫指数评价为依据，建立相对完善的贫困地区生态补偿制度体系，可在以下三个方面进行探索：第一，在资金来源上，应当探索建立多元化的生态补偿机制，从补偿来源、补偿形式、补偿途径、补偿模式等进行创新，确保生态补偿扶贫的有效性。第二，在补偿对象上，在满足生态补偿式扶贫的条件下，基于公平的原则，补偿资金使用可向贫困人口倾斜，对做出生态贡献的贫困群体补偿数额要高于正常补偿数额。第三，在补偿用途上，可成立专门补偿资金账户，也可以成立绿色产业扶贫基金，提升扶贫脱贫的质量和水平。

更加注重“精神扶贫”推动脱贫攻坚内在质量的全面提升

（2018 年 1 月国内外减贫热点专题评论）

我国经济由高速增长阶段转向高质量发展阶段，脱贫攻坚也同样转入质量提升的新阶段。正如十九大报告指出“必须全面贯彻新发展理念、破解脱贫难题、增强脱贫动力、提升脱贫实效，确保如期高质量打赢脱贫攻坚战”。又如中央经济工作会议提出“打好精准脱贫攻坚战，保证现行标准下的脱贫质量”。新年伊始国务院扶贫办发布会提出“从注重减贫速度向更加注重脱贫质量转变”。可以说，提升脱贫攻坚质量，是未来脱贫攻坚的核心任务。那么，如何来提升呢？很多专家都提出了不同的思路和建议，诸如产业扶贫质量和水平提升、精准帮扶质量和水平提升；加大社会保障支持力度，促进乡村公共服务均等化；提高乡村治理水平，促进贫困乡村振兴；积极探索新机制，增强扶贫脱贫可持续性功能等。但是，笔者认为除了以上外，更加注重精神扶贫和思想扶贫才是提升扶贫脱贫内在质量和水平迫在眉睫的任务。

一、“精神扶贫”“思想扶贫”迫在眉睫

为什么要提出精神扶贫和思想扶贫呢？实践中可以发现，在不少贫困地区，一些过去潜伏深层的问题和矛盾，不仅逐渐开始凸显，并且成为影响和制约扶贫脱贫的重要因素。正如一些媒体披露的现象，如争当贫困

户，拒绝“脱贫摘帽”，“坐在门口晒太阳，等着政府送小康”，更有甚者，正如微信上“小学生当贫困户”作文的出现，这是极具讽刺性并发人深省的。我们不得不深深反思，这些缺乏脱贫动力的“精神贫困”“思想贫困”已经严重影响了我国扶贫脱贫政策效应，不仅阻碍脱贫攻坚顺利进行，也产生了极其恶劣的社会影响。因此，进一步推进脱贫攻坚，提升脱贫质量，必须认真分析解决“精神贫困”“思想贫困”问题，必须更加关注“精神扶贫”和“思想扶贫”，唯有如此，才能提升贫困人口内生动力，才会提升扶贫脱贫的内在质量和水平。

二、扶贫脱贫动力机制的创新和培育是“精神扶贫”“思想扶贫”首要任务

十九大报告提出了“扶贫要与扶志扶智相结合”，经济工作会议中提出“激发贫困人口内生动力”，这就清楚地警示我们，创新扶贫脱贫动力是新时期我国扶贫脱贫的突破点与提升扶贫脱贫质量和水平机制的保障。我们知道，为了实现在2020年全面建成小康社会目标，由于扶贫脱贫任务艰巨，在这种情况下，扶贫脱贫必须在政府主导下强力推动，属外源动力机制，应当说，在2020年实现全部脱贫的艰巨任务情况下，政府强力拉动和推动是不可缺少的，而中国政治优势制度优势的集中表现就是在短期间内的资源、资金、人才动员力量无与伦比，但外部力量如此强大并在很短时间内的快速积聚，必然带来贫困村贫困户内在动力机制的弱化、退化、惰性化甚至恶化，也就出现了所谓“等靠要”从个别到局部，甚至到多数的想象，这才是扶贫脱贫中最为要害的弊端。因此，需要思考如何在扶贫脱贫供给侧改革中，在继续加强外源动力机制不减情况下，培育、成长、发展和壮大扶贫脱贫内源机制，尤其注重提升自发动力和自我就业技术生计发展能力。由此来看，今后要在硬投资的同时增加软投资比例，在扶贫脱贫项目中提升对培育自力更生的思想观念文化意识等知识培训，提高劳动扶贫致富传统文化观念意识传承。总之，知识教育与传统文化等扶贫脱贫的内在动力机制培育也将是扶贫脱贫质量和水平提升的重点任务之一。

三、重塑信心信念是激发内生发展动力关键

扶贫开发实际上也是扶贫对象观念再造的过程。应当看到，大部分扶贫对象的“等、靠、要”行为源于其对自身和外界的不信任，即不相信自己有改变生活境遇的能力和机会。改变贫困人口的行动，首先要改变其思想心理和意志。“只要有信心，黄土变成金”。要引导扶贫对象改变“宁愿苦干、不愿苦熬”的观念，倡导自力更生、艰苦奋斗，靠辛勤劳动改变贫困落后面貌。如山东济宁通过开办“儒学讲堂”、文化下乡等宣传形式，传播弘扬贫困人口依靠自身力量实现脱贫致富的正能量，形成积极向上的社会氛围。河南鲁山县土桥村由帮扶干部组织群众到发达地区参观、体验、交流，扩展农民视野，增强市场意识。贵州毕节则通过开办“新时代农民讲习所”，通过群众会、板凳会、田坝会等形式把政策宣讲送到田间地头，把党的声音送到群众心里。既要注重农民实用技能培训和素质提升，又要注重信心信念的引导教育，逐步培养有文化、有技能、有知识、有头脑、有主见、有信心、有干劲的新型现代农民。此外，观念再造不仅要针对扶贫对象，也包括扶贫干部的观念再造，真正发挥干部主观能动性，与贫困群众一起参与到改善贫困状况、实现个体价值的实践当中。总之，“精神贫困”现象的产生有其复杂原因，绝非一朝一夕形成，也不单单存在于贫困地区、贫困人口本身。精神扶贫更是一项系统性、长期性的社会工程，依赖于政府、社会以及个体本身长时间的努力，并非一蹴而就。当前，我们需警惕“精神贫困”标签的泛化，需要认识和厘清“精神贫困”现象产生的深层次原因，也要警惕将精神扶贫的作用夸大化和绝对化。同时，“精神贫困”与物质贫困密切相关，其解决也依赖于物质扶贫为基础，实现精神扶贫与物质扶贫的相互促进、相互提升。因此，在解决现阶段农村绝对贫困基础上，精神扶贫需要发展教育，提升农民的知识素质，也需要文化浸润丰富农民的精神世界，需要建立各种制度保障农民的基本权利，也需要打破各种制度藩篱，创造开放、流动、多元、和谐的机会和社会环境。

四、"尊重主体性，发挥主动参与"是消除"精神贫困""思想贫困"重要方式

"贫穷并不可怕，怕的是智力不足、头脑空空，怕的是知识匮乏、精神委顿。"可以说，当前实施脱贫攻坚，要注重精准扶贫精准脱贫，更要注重精神扶贫，即尊重扶贫对象的主体性，发挥群众参与作用；尊重贫困人口主体性，发挥群众参与作用。"贫困群众既是脱贫攻坚的对象，更是脱贫致富的主体"，"脱贫致富终究要靠贫困群众用自己的辛勤劳动来实现。"实践证明，许多扶贫行动失败就在于实施过程中忽视了农民主体性的尊重、回应，造成扶贫对象不干又不满、扶贫干部受累又受怨的"两败俱伤"困局。尊重贫困群众的主体性，要承认其主体性的存在和意义，在扶贫项目的选择、实施过程中，注重对贫困人口发展意愿、权力诉求的有效回应。特别是真正发挥驻村干部帮扶作用，充分调研了解村庄发展需求和地方资源状况，精准区分不同类型贫困人口，引导有劳动能力贫困户表达发展的诉求意愿，帮助其分析问题，合理创造条件，支持其通过自身劳动获得致富成果；对兜底帮扶的无劳动能力贫困人口，注意保护群众自尊，让其体面享受个人权利，共享经济社会发展成果。总之，扶贫不仅是干部的事，也不仅仅是关乎贫困人口个人的事，既要防止将扶贫对象污名化、隔离化，又要防止将扶贫对象过度地保护化、特殊化。大到地方政府要将脱贫攻坚统揽经济社会发展全局，小到贫困人口脱贫要与村庄整体发展相衔接，鼓励贫困人口与其他非贫困人口一起，参与扶贫开发的整个过程，共享村庄减贫发展的效益和成果。

五、避免被动强迫，建立平等合作关系是"精神扶贫"内在要求

扶贫在本质上是扶贫者帮助扶贫对象建立和提升自主性，共同寻求发展道路的过程。二者应该是平等的、合作的关系，扶贫干部不是高高在上的救助方、施舍方、规划者和先知，扶贫对象也不能被简单视为受助方、感恩者、无知者和被动参与者。事实上，扶贫对象无形中承受着各式各样的权力压迫。这种压迫一方面来源于代表国家形象的扶贫官员，即长期以

来中国农民敬畏权力和官员的传统文化意识；另一方面则是在城市视角、现代视角、专家视角下，外界对农村贫困落后以及地方性知识的否定。因此，在扶贫过程中应特别注重工作方式，既要避免居高临下、颐指气使的指派、命令，又要避免高高在上、充满同情的施舍救济；既要避免大包大揽，将帮扶片面理解为帮钱帮物，又要避免“自以为比群众高明”，越俎代庖替扶贫对象决定种什么、养什么，无视扶贫对象的声音和意愿。如重庆万州区走马镇实行社区主导型发展模式，采用参与式扶贫理念，将扶贫资金和项目的管理权、控制权和监督权下沉到村庄，交给贫困民众，引导群众在扶贫项目建设中主动参与、管理和执行，尊重群众首创精神和地方性知识，逐步提升扶贫对象的话语权和发展能力。

六、厘清表象与根源：反思“精神贫困”也要反思扶贫本身

一方面，以往我国扶贫政策主要以县域、村庄为瞄准和实施单位，一定程度上忽视了个体的贫困人口，甚至地方政府也存在争抢扶贫资源、甘当贫困县的反常现象。贫困人口对政府扶贫资源的依赖，使其越来越依附于国家，丧失自主性。长此以往，个体的贫困人口习惯于被规模化、大范围推进的扶贫政策行动所遮蔽。实施精准扶贫精准脱贫以后，虽然提出了“精准到户到人”的目标和要求，但基层扶贫行动很大程度上仍然沿袭了以往路径依赖，在政策执行中忽视对农民主体性的尊重、开发和利用。甚至一些地方将精准扶贫变成了“精准救济”，对扶贫对象提供全方位的“包保管”服务，做了很多扶贫对象力所能及的事情，不仅引发非贫困户的不满，也助长了一部分扶贫对象的“等、靠、要”心理。

另一方面，我国长期以来形成的扶贫政策往往偏重经济开发和提高农民收入，而忽视了对农民精神文化生活的引导、丰富和教育。可以说，贫瘠的精神文化生活极大地限制了农民的“想象力”，他们习惯于面朝黄土背朝天的“土里刨食”生活，任何一种新的产业或经营形式无异于冒险和挑战，这种现象在西部特别是深度贫困地区体现得尤为明显。加之一些扶贫产业实施过程中过于强调组织化、规模化和现代化，忽视扶贫对象的意见和诉求，继而引发扶贫对象的消极应对甚至不配合行为。导致贫困户将扶贫产业视为“干部的产业”，出了问题第一时间找干部、找政府，反之

这些行为又被扶贫干部扣上消极懒散、不思进取的“等、靠、要”帽子。

七、警惕标签泛化：理性认识“精神贫困”

纵观我国60多年的反贫困进程，特别是上个世纪80年代正式启动农村扶贫开发工作以来，一直存在着有关农民参与扶贫开发问题的争议和讨论。一方面，扶贫干部特别是基层干部抱怨一些贫困户缺乏主动性、积极性，甚至懒散消极，出现把政府送来养殖的“扶贫羊”卖掉、“扶贫鸡”吃掉等令人费解现象；另一方面，一些研究者则批判扶贫开发遮蔽农民主体性的问题，认为政府主导的扶贫开发没有给予农民充分的知情权、参与权、决策权和监督权等权利，使其游离于本该为主体的扶贫开发决策、实施过程，扮演观望者、无为者甚至阻挠者的角色。

诚然，囿于地理位置偏远、市场化程度低、信息闭塞等客观原因，一些贫困人口长期处于物质匮乏、收入不足的经济困境，加之文化水平低、获取信息能力弱、受传统文化影响强烈等主观原因，呈现出安于现状、缺乏自信、目标感不强、消极被动甚至懒惰散漫、好逸恶劳等“精神贫困”状态，甚至在政府主导的扶贫开发过程中因缺乏参与而产生“被动式扶贫”现象。国家实施精准扶贫精准脱贫以来，不断加大对贫困人口的干预和扶持力度，大量人财物资源流向贫困地区，要求“精准”指向贫困户和贫困人口。由此，“建档立卡”贫困户成为多项优惠政策叠加的福利性身份，是贫困户进一步享受就学、就医、就业、创业、贷款、培训等各种福利的“绿色通道”。从某种层面来说，顶着贫困户的“帽子”，农民可以获得大量的现金补贴和福利优惠。特别是一些地区政策宣传不到位，农民将扶贫混同为低保、救济，产生了“不拿白不拿”的心理。同时，由于农民家庭收入核算的特殊性和复杂性，以收入为标准的贫困识别在实践中遭遇巨大挑战。尽管各地基层干部创造性地探索出“四看法”“五看法”等识别方法，但贫困识别仍存在一定的瞄准偏离。政策福利的引诱以及识别标准的不确定，催生了一些农民争当“贫困户”的尴尬现象。但值得警惕的是，我们不能将贫困地区农民扶贫开发过程中一些令人费解的行为一刀切地贴上“精神贫困”的标签，更不能将“精神贫困”简单理解为群众“等、靠、要”思想。批判农民“精神贫困”的同时，也要看到其背后复杂的经济、文化、社会因素，并对扶贫政策特别是基层政策执行进行反思。

（本文于2018年2月21日发表在《光明网》张琦、刘欣）

充分发挥教育脱贫特殊效用，助力深度贫困地区脱贫目标高质量完成

（2018 年 2 月国内外减贫热点专题评论）

步入脱贫攻坚期，贫困治理面临着深度贫困强力约束和致富发展两大难题、两难选择。前者关系到扶贫脱贫的难度和深度，影响着 2020 年脱贫攻坚任务是否能够完成，以及完成脱贫质量；后者关系到扶贫脱贫的长期性和持续性效果。进一步说，假如仅仅关注了深度贫困的短期脱贫目标实现，忽视了长远可持续发展致富和能力提升，其结果就是深度贫困暂时缓解，但贫困因素根源却未消除。解决这两个因素的最佳办法就是通过教育脱贫路径寻求深度贫困地区脱贫目标的实现。近日，教育部、国务院扶贫办印发《深度贫困地区教育脱贫攻坚实施方案（2018—2020 年）》（以下简称《方案》），彰显了新时期深度贫困地区教育脱贫的重要性，也为破解以上两大难题指明了方向。这是因为深度贫困地区是当前脱贫攻坚的主战场，而教育脱贫是解决扶贫长远性难题的根本举措。攻克深度贫困堡垒，最根本、最关键的就应该是从教育脱贫入手，着重在扶志与扶智、起点与过程、治标与治本、短效与长效四个结合上发力，确保完成“发展教育脱贫一批”任务，助力深度贫困地区顺利脱贫。为此笔者认为以下几点极其重要。

一、扶志与扶智相结合，激发深度贫困地区人民群众脱贫的内生动力，这是教育脱贫的应有之义和深度贫困地区脱贫的根本之策

深度贫困之所以贫困的一个重要原因在于其贫困程度深，这种贫困不仅仅表现为缺衣少粮的物质贫困，更表现为与现代化发展相背离的思想贫

困以及等靠要的精神贫困。教育脱贫归根到底是要实现贫困地区、贫困人口人力资本的提升，改善非物质贫困的境况。党的十九大报告指出要“注重扶贫同扶志、扶智相结合”，步入脱贫攻坚期，扶贫要进一步激发贫困群众内生动力，加大内生动力培育力度，仅靠外力帮扶与支持不是长久之计，也不能从根本上解决贫困。因此深度贫困地区教育脱贫要注重“扶智”与“扶志”相结合，形成脱贫的内生动力和长效动力。在“扶志”方面，重点是要把深度贫困地区农民的脱贫主观能动性激发出来，提升自我脱贫的志气和勇气，摆脱“等靠要”的懒人思维和依赖心理，生发依靠自我劳动和自我奋斗脱贫致富的生存和发展能力。这方面需要政府宣传、示范、引领和教育，通过开展形式多样的宣讲团、讲习所等活动，积极传播弘扬贫困人口依靠自身力量实现脱贫致富的正能量，引导贫困群众从思想上淡化“贫困意识”，营造积极向善、团结向上的社会氛围。在“扶智”方面，一是大力支持深度贫困地区学前教育、义务教育和高中教育，提升儿童及青少年的认知能力、知识水平，坚决阻断贫困代际传递；二是拓展职业教育与技能培训范围，保障深度贫困地区有劳动意愿的人拥有一技之长，深入开展职业教育东西协作，因地制宜开展好劳务培训与劳务输出工作，提高深度贫困地区劳动力就业、创业能力。深度贫困地区教育脱贫的实践要求“扶志”与“扶智”相结合，“志不强者智不达”，只有有效激发深度贫困地区人民群众的内生动力才能形成内外合力助力脱贫。

二、起点与过程相结合，让深度贫困地区的孩子共享教育机会和教育资源

深度贫困地区教育脱贫的根本还是要解决教育公平的问题，深度贫困地区的孩子不应该因为大山阻隔就不能享有公平的教育机会和教育资源。对于深度贫困地区的孩子尤其要注意起点公平与过程公平，从根本上保障他们受教育的权利。深度贫困地区的教育发展首先要注重起点公平，让每一个孩子享有平等机会。为了平等享受教育机会，政府从一开始就应该提供平等的物质条件，积极改善深度贫困地区教学基础设施，改善学生学习、生活的条件。一是加强贫困地区义务教育薄弱学校建设，适度控制撤点并校，积极改善城镇大班的状况；二是改善贫困地区学生生活条件，一

方面积极实施农村儿童的营养改善计划，另一方面缓解住宿紧张的状况；三是提高家庭经济困难学生资助水平，保证有能力、有意愿上学的贫困学子不因贫困丧失受教育的权利。特别是对特殊困难家庭儿童给予从出生开始到义务教育结束的关怀和保障，这是促进深度贫困地区儿童发展的关键之举，也是切断贫困代际传递的根本途径。其次要加强过程公平，让深度贫困地区共享优质教育资源。新形势下深度贫困教育脱贫应该更加注重过程公平，着力使深度贫困地区的学生能够享有均等的教育资源，获得公平对待，实现差异性优化发展。深度贫困地区受限于自然地理的区位因素影响，在获取教育资源方面处于劣势，这就需要通过政府合理有效调配教育资源，保证深度贫困地区的教育发展尽享我国教育现代化的福利，比如拓展远程教育、“互联网+”、人工智能等教育服务范围和领域，进一步提升深度贫困地区教育的软硬件服务能力建设，在保障深度贫困地区顺利脱贫的同时，也保证深度贫困地区孩子在建设教育强国道路上不掉队。

三、治标与治本相结合，因地制宜实现教育脱贫政策供给与需求的精准对接

深度贫困地区一般地处高原、荒漠或山区，生产生活条件比较特殊，基本公共服务保障水平比较落后。国家出台的教育脱贫政策方案在深度贫困地区实施时经常遇到来自自然地理、文化理念、风俗习惯等方面的冲突，扶贫政策效果往往大打折扣。调研中发现，深度贫困地区教育脱贫往往千篇一律，多是从建校舍、铺设塑胶跑道等方面入手，往往“见物不见人”、“治标不治本”，片面的复制或者移植其他地区的政策措施，未能抓住深度贫困地区之症结，教育脱贫效果欠佳。我们认为，深度贫困地区教育脱贫应该注重治标与治本相结合，不搞“运动式”、“跑道式”形象工程，而应该因地制宜、以人为本，充分考虑区域发展现实情况和区域内人民群众的现实需要，将教育脱贫的政策供给与实际需求进行精准对接，从根本上拔除穷根。因此，深度贫困地区教育事业发展需要考虑其地域、人文特征，将政府脱贫政策与当地特色相结合，比如校舍和课堂的布局和设计可以凸显民族特色，积极开发校本课程、特色课程、非遗课程、传统技艺课程等，以此充分利用当地的资源禀赋、发挥当地的比较优势；再比如

围绕《关于全面深化新时代教师队伍建设改革的意见》这一政策供给，大力提升深度贫困地区乡村教师的待遇，设定差异化工资、福利和补助标准，解决深度贫困地区乡村教师“进不去、留不住、教不好”的问题，发挥乡村教师“教育扶贫的先行者”的重要作用，促进深度贫困地区教育事业振兴，助力深度贫困地区顺利脱贫。

四、短效与长效相结合，创新深度贫困地区教育脱贫政策实施的方式方法

受限于教育自身公共物品的特殊属性，教育脱贫政策面临着周期长、见效慢的困境，人力资本模型中关注的教育投资与收益函数往往表现为一种生命周期或者代际研究。近年来，国家出台了密集的聚焦于教育扶贫领域的政策方案，但是其扶贫脱贫效果却没有其他扶贫方式那么直接明显，导致深度贫困地区存在教育扶贫被弱化、被忽视的现象，以及贫困人口脱贫后劲不足、脱贫可持续性较弱。教育扶贫虽然是一项长期性工作但同时也是一项根本性工作，如果不予以重视将会影响整个脱贫攻坚顺利实施。面对脱贫攻坚步入三年倒计时，如何处理好教育扶贫工作的长期性和脱贫攻坚目标任务的紧迫性之间的关系呢？笔者认为，需要短效与长效相结合，创新教育脱贫政策实施的方式方法，尤其是要发挥学校和课堂的作用，积极调动学生的积极性，通过科普宣教的形式潜移默化地引导和改善学生的贫困观念，杜绝“小学生争当贫困户”“叔叔阿姨，请不要来我们这里支教”等乱象的出现。在深度贫困地区教育脱贫的三年攻坚期内，建议广泛开展“优秀团队进学校、有趣科普进课堂”活动，一方面，积极组织优秀团队与深度贫困地区对接与联系，根据地域特色，组织不同团队，发挥文化团队、科技团队、专家团队在教育脱贫中不同作用；另一方面，基于深度贫困地区脱贫困境，结合科普小知识，创新性提出能够结合学生发展的脱贫思路，让孩子和家庭参与到脱贫中，提高脱贫的参与性和持续性。短效是为长效打基础，方式创新是教育脱贫工作的一个方面、一个环节，教育的本质决定了教育脱贫工作的长期性和持久性。因此，当前的教育脱贫工作不仅要当作一场攻坚战也要当作一场持久战，久久为功，方能取得胜利。

确保“打好”精准脱贫攻坚战的三大重点

（2018 年 3 月国内外减贫热点专题评论）

党的十九大报告提出“要坚决打好防范化解重大风险、精准脱贫、污染防治的攻坚战”，即“打好三大攻坚战”，这是首次提出了“打好精准脱贫攻坚战”。从“打赢”到“打好”虽然只是一字之差，但却对下一步的扶贫脱贫工作提出了更高的要求，这既是顺应高速经济增长向高质量发展转变的需要，又是提升脱贫质量的需要。2018 年 3 月 7 日，国务院扶贫办主任刘永富就“打好精准脱贫攻坚战”答记者问时也指出：“‘打好’比‘打赢’含金量更高。”过去几年，脱贫攻坚作为一项任务，从上到下重视的同时也遭遇一系列的问题。不少地方为了实现“贫困人口脱贫、贫困县摘帽”的目标，往往不顾成本和后果，盲目追求“数字脱贫”“指标脱贫”的短期效益，“打好精准脱贫攻坚”变成了“数量脱贫”、“任务脱贫”。现阶段“打好精准脱贫攻坚战”亟须解决两个重要的问题，一是如何以最小的代价取得最好的结果，二是如何降低扶贫脱贫的系统风险。而要解决好这两大问题需要我们转变观念、强化作风、明确责任，以更高的要求和更大的自觉努力实现全面脱贫、质量脱贫、长效脱贫，从而确保“打好精准脱贫攻坚战”。

一、聚焦典型区域和重点人口，确保全面脱贫攻坚目标完成，这是“打好精准脱贫攻坚战”的必然要求和艰巨任务

全面建成小康社会要求“决不让一个人掉队”，就是要使现有贫困人

口全部脱贫，拒绝返贫，并且阻断贫困代际传递。党的十八大以来，我国虽然实现了6800多万贫困人口脱贫，但要实现一个人不掉队、一个民族不能少的目标，“三区”“三州”“三类人”仍然是最后的堡垒。从典型区域来看，以“三区三州”为主的深度贫困地区仍有110个贫困县的贫困发生率超过18%，有16000多个贫困村的贫困发生率超过20%。这部分地区受到自然地理、历史文化等原因的影响，生产生活条件恶劣，扶贫减贫成本较高、难度较大。“打好”精准扶贫攻坚战必须加强“三区三州”的工作力度和投入力度，保证扶贫脱贫不留死角。从当前贫困人口构成来看，容易扶、容易脱的贫困对象大部分实现了脱贫，留下来的贫困人口多是以老弱病残为主的“三类人”：一是因病致贫人群，特别是重病和慢性病群体是下一步攻坚的难中之难，必须千方百计给予帮扶；二是因灾和市场行情变化返贫人员，需要提高脱贫的稳定性；三是贫困老人，这个群体由于年龄大、病多、没有劳动力，脱贫要有兜底性的制度安排。脱贫攻坚的最后几年，这类“无业可扶、无力脱贫”的贫困人口成为难啃的硬骨头，只有保障这部分群体顺利脱贫才能真正实现“一个都不掉队”，从而实现全面脱贫。

二、注重内力激发和考核评估，确保实现以人民为中心的高质量脱贫，这是“打好”精准脱贫攻坚战的本质要求

精准脱贫攻坚战是否能“打好”关键是看人民群众是否参与、是否认同、是否满意，为此需要注重质量脱贫，反对数字脱贫和形式脱贫。2017年中央经济工作会议强调，“打好精准脱贫攻坚战，要保证现行标准下的脱贫质量，既不降低标准，也不吊高胃口”。刘永富主任也再次指出“脱贫必须是符合质量的、经得起时间和历史检验的，不能掺水，不能是假的，不能搞数字脱贫、虚假脱贫，要保证脱贫的质量”。当前保障“质量脱贫”需要强化两方面的工作，一是要注重激发扶贫脱贫的内生动力。当前外在的、输血式的扶贫政策、扶贫项目、扶贫资金的给予已经不少，而内在的、造血式的内力激发却迟迟没有跟上。在“打好”脱贫攻坚战中，外在力量再多、说得再好都没用，必须注重扶贫先“扶志”，激发贫困主体内生动力，增加贫困主体自我脱贫意识，增强贫困主体的积极性和参与

性，让贫困主体自己发声、自己叫好。二是要加强贫困退出的考核评估。为了保障贫困人口顺利稳定脱贫，要不断强化和完善贫困退出考核机制，形成倒逼机制，以最严格的考评和问责机制有效降低扶贫脱贫中的风险，确保“打好”脱贫攻坚战。当前贫困退出实施了有史以来力度最强、涉面最广的考核评估，广泛采取交叉考核、第三方评估、民主监督等多种方式，围绕“两率一度”考察贫困群众直接感受与脱贫效果，认真开展扶贫领域腐败和作风问题专项治理，加强扶贫资金管理，保证脱贫的质量经得起历史考验和人民的检验。

三、提升扶贫脱贫的可持续性，立足长远确保长效脱贫，这是“打好精准脱贫攻坚战”的长远战略要求

到2020年实现贫困人口全部脱贫、贫困县全部摘帽是有条件的，是“现有标准下”的脱贫摘帽，切不可认为到2020年我国就没有贫困人口了，就不需要扶贫脱贫了。国家经济发展本身就是一个努力消除贫困的过程，我们的改革发展没有终点，扶贫脱贫也就没有终点。我们必须清醒地认识到，扶贫脱贫工作是一项长期工作，要用发展的眼光构建扶贫脱贫的长效机制，切不可用短视的目光来看待眼下的扶贫脱贫工作。为此我们要处理好短效与长效之间的关系，充分考虑扶贫脱贫持续性和长久性。一方面，提升贫困人口自我脱贫和稳定脱贫的能力，发挥教育阻断贫困代际传递的重要作用，重视贫困地区的教育事业发展，尤其关注孩子和妇女的教育问题，提升贫困地区人力资本水平；另一方面，要充分认识“绿水青山就是金山银山”，发挥贫困地区的比较优势，注重生态环境和资源保护，创新贫困地区绿色增长模式，提升贫困地区经济环境的可持续发展，提前高标准完成2030年可持续发展目标。除此以外，我们也要着眼2020年后扶贫减贫工作，做好2020年后相关工作的衔接与延续，比如对于贫困标准的界定、扶贫方式的创新以及中国减贫经验的国际分享等，为我国全面建成小康社会和全面建成社会主义现代化强国打下扎实的基础。

全面脱贫从广度、质量脱贫从深度、长效脱贫从长远的角度为下一阶段“打好”精准脱贫攻坚战提出了要求也指明了方向。“打好”精准脱贫攻坚战要注意全面脱贫、质量脱贫和长效脱贫相结合，努力以最小的成本

取得最好的成果，努力降低扶贫脱贫的系统性风险，努力提高人民的获得感。全面脱贫是基本，质量脱贫是核心，长效脱贫是关键，只有全面脱贫打下良好的基础才能保证有质量的脱贫，只有提升了脱贫的质量才能促进可持续的脱贫，只有牢牢抓住三者不放松，才能确保“打好”精准脱贫攻坚战。

（本文于2018年4月12日发表在《中国经济日报》张琦、史志乐）

淄博首创“第一村医”：新时代健康扶贫的创新与探索

（2018 年 4 月国内外减贫热点专题评论）

健康乃立身之本，立国之基。追求人民健康是新时代的重要标识，是新时代中国特色社会主义的价值追求。习近平总书记说，实现“两个一百年”奋斗目标，要坚持以人民为中心的发展思想，经济要发展，健康要上去，要做身体健康的民族。在探索人民健康的道路上，淄博市借鉴学习“第一书记”做法，选派优秀年轻医生到基层担任“第一村医”，深入基层开展健康服务工作。“第一村医”是守护人民健康的创新探索，是新时代中国特色社会主义历史使命的积极实践。

一、“第一村医”是落实健康扶贫的一个新模式

疾病和贫困影响着人的幸福感和获得感。对于贫困人口来说，这两个因素相互交织，因病致贫、贫病交加。我国当前正处于脱贫攻坚的关键时期，因病致贫、因病返贫占到40%以上，是全民健康和全面小康的“拦路虎”。淄博市以“第一村医”为切入点，将祛病和脱贫两大任务有机结合，着力解决因病致贫、因病返贫的问题，啃下因病致贫的硬骨头。第一，“第一村医”是健康扶贫的动力之源。“第一村医”工作与健康扶贫相结合，对贫困地区重点倾斜，着力解决贫困地区医疗服务水平不平衡、不充分问题。通过选派优秀医生担任“第一村医”，在偏远贫困的农村地区开展健康帮扶工作，让老百姓在家门口就能得到及时有效的治疗，为健康扶贫注入了新的动力。第二，“第一村医”是习近平新时代精准扶贫思想的

创新实践。“第一村医”在开展健康扶贫过程中始终坚持习近平新时代精准扶贫的思想，充分了解所在村的贫困户数量、因病致贫与因病返贫的情况、贫困人口的健康等基本状况，为居民建立健康档案，为患病贫困人口制定个性化治疗方案，实施分类救治，进行“健康一对一”精准施策，增强了健康扶贫的针对性和有效性。第三，“第一村医”有助于提高贫困人口脱贫的可持续性。“第一村医”工作不仅包括疾病医治，还会通过多种方式加强对贫困人口的健康教育宣传，普及健康知识，帮助贫困人口特别是老年人、慢病患者等重点人群树立正确的健康观念和意识，养成健康的生活习惯，预防疾病的发生，以有助于实现脱贫的长效性和可持续性。从扶贫的角度讲，“第一村医”是健康扶贫的一个创新举措，对于提升农村贫困人口健康水平，防止因病致贫、因病返贫，实现到2020年现有贫困人口全部脱贫的目标具有重要意义。

二、“第一村医”是新时代落实健康中国战略的新探索

建设健康中国，是全面建设小康社会、实现中华民族伟大复兴的基石和保障。党的十九大将人民健康问题上升到了前所未有的战略高度，明确提出“实施健康中国战略”，健康已经成为新时代中国发展的重要“关键词”。为深入贯彻落实党的十九大精神，淄博市秉持“健康服务全覆盖、优质公平可持续”的健康理念，坚持健康人民至上的原则，提出“打造卫生强市、建设健康淄博，绝不让一个人在追求健康的道路上掉队”的目标要求，创新地组织开展“第一村医”工作。为有效落实健康中国战略，“第一村医”工作开展了三大方面的探索和努力。第一，“第一村医”以全面提升基层医疗服务能力为健康战略抓手。针对基层医疗服务能力弱、医疗卫生人才缺乏、医疗资源不足的问题，淄博市建立卫生人才向下流动通道、基层医务人员职业发展通道和患者双向转诊绿色通道，实现优质医疗资源下沉和大医院普通门诊患者下沉，进而推动基层医疗卫生服务能力的提升。第二，“第一村医”以提供全方位的健康服务为健康战略核心。“第一村医”为村民提供全面的健康咨询、健康指导、健康服务和健康管理，并通过信息化推进基层医疗机构互联互通，积极探索“互联网＋医联体”改革，努力为农村群众提供第一时间、第一速度、第一实效的全方位健康

服务。第三，“第一村医”以完善健康监督评价体系为健康战略保障。淄博市将“第一村医”带动基层强基工程完成率列入全市经济社会发展综合考核，并印发“第一村医”考核指标，明确四个主体职责，形成了区县卫计局、派出单位、乡镇卫生院、“第一村医”四方联动的动态正循环。监督评价体系的完善保障了“第一村医”工作的顺利开展，确保“第一村医”工作能够切实提升农村居民的健康水平。淄博市“第一村医”探索出了一条促进农村居民健康水平的新路径，把准了时代脉搏，回应了人民期待，是新时代健康中国建设的一次有益尝试。

三、“第一村医”是推动乡村振兴的重要支撑

人力资源是发展的动力和源泉，人的健康与乡村振兴密切相关。新时代乡村振兴需要健康的人，离开健康的人，农业就无从发展，农村就无从建设。然而，目前我国医疗资源分布不平衡，农村尤其是偏远农村的医疗卫生资源还十分薄弱，村卫生室的条件差，乡村医生的整体素质不高。淄博市“第一村医”工作以农村人口的健康作为主战场，着力推进健康强村工作，助力乡村振兴。第一，“第一村医”为乡村振兴夯实健康之基。通过选派“第一村医”到基层，加大医疗器械等卫生资源的投入，加强基层卫生人才培养，提高了农村的卫生服务能力，为乡村振兴提供坚实的医疗保障。第二，“第一村医”为乡村振兴提供健康血液。农业农村的发展必须依靠强大的人力资本，乡村振兴是以人为基础的。只有健康的农民，才能为乡村振兴输送健康血液。“第一村医”为农村居民进行健康管理和健康服务，是群众健康的守门员，提高了农民的健康水平，为农村的经济、政治、文化以及生态建设提供了健康的农民，为乡村振兴提供了更多健康的人力资源。“第一村医”为乡村振兴奠定了健康基础，为农村的发展注入了活力，激活了农村经济社会发展的动能。

四、“第一村医”是落实共享发展理念的具体行动

共享发展是促进社会公平正义的应有之义，是新时代中国特色社会主义的价值追求。在健康方面，共享意味着人人享有基本医疗卫生服务，不让任何一个人“掉队”。新时代下，发展不平衡不充分成为了主要矛盾，

这种不平衡不充分也反映在城乡人口之间医疗保健资源的配置、医疗保障和健康结局的差距和不公平上。淄博“第一村医”工作正是补齐医疗资源不均衡不充分的“短板”、促进健康公平、落实共享发展理念的具体行动。第一，“第一村医”以人人享有健康服务为目标。淄博市高度重视健康问题，尤其是医疗条件薄弱的农村地区居民的健康问题。在大卫生、大健康观念指导下开展的“第一村医”工作把以治病为中心转变为以人民健康为中心，将人人享有健康服务作为工作目标，努力提升农村居民的健康水平和健康素养。第二，“第一村医”以促进医疗卫生资源和服务均等化为方向。目前我国的基本公共医疗资源和医疗服务在城乡之间分布高度不均衡。“第一村医”将广大乡村地区的医疗卫生发展作为解决不平衡、不充分问题的重要战场。它可以推动医疗卫生工作重心下移、医疗卫生资源下沉，推动健康领域基本公共服务均等化，努力缩小城乡基本健康服务和健康水平的差异，着力促进全民健康覆盖，促进社会公平正义。第三，“第一村医”以共建共享为基本路径。“第一村医”工作从供给侧和需求侧两端发力，统筹社会、行业和个人三个层面，实现政府牵头负责、社会积极参与、个人体现健康责任，形成维护和促进健康的强大合力。“第一村医”在淄博市政府的规划和领导下，由参与医院组织实施，派出医院主要负责人亲自到村调研指导、帮助解决问题，同时发动干部职工全员参与，动员农村人口积极配合，形成“第一村医”当先锋、派出单位当后盾、全体干部职工齐上阵、全体农村人口共参与的共建共享的局面。“第一村医”工作是共享发展理念在实践中的运用，有助于农村居民共享改革发展成果。

“第一村医”是淄博市探索健康中国道路的有效尝试。通过“第一村医”工作的开展，加强了农村地区的医疗服务能力建设，改善了农村医疗服务供需失衡的局面，促进城乡基本医疗服务的均等化，让广大农村居民享有公平可及、系统连续的预防、治疗、康复和健康促进等健康服务，降低了因病致贫和因病返贫的概率，提高了农村居民的生活质量。这是一条建设健康中国、促进全面小康、助力乡村振兴、实现共享发展的可行路径与模式。

满怀信心，聚焦难点，历兵秣马再创辉煌

——以最严格的考核确保打好打赢精准脱贫攻坚战（2018 年 5 月国内外减贫热点专题评论）

3 月 30 日，习近平总书记主持中共中央政治局会议，并听取了 2017 年省级党委和政府脱贫攻坚工作成效考核情况汇报，对打好脱贫攻坚战提出严格要求。这是 2018 年全国两会后召开的第一次中央政治局会议，专门聚焦脱贫攻坚难点和重点，要求以最严格的考核评估确保精准脱贫攻坚战打好打赢。步入脱贫攻坚倒计时的关键期，实施最严格的考核评估制度是确保脱贫工作稳步推进、脱贫目标如期实现的重要保障，必须充分发挥脱贫攻坚考核评估制度的“指挥棒”作用，确保贫困人口与全国人民一道迈入小康社会。这也为 2017 年度贫困县退出的第三方评估指明了方向。

脱贫攻坚取得决定性进展。此次中共中央政治局会议，肯定了十八大以来脱贫攻坚取得的巨大成就。十八大以来在精准扶贫战略的指引下，我国扶贫脱贫事业取得了重大成绩，农村贫困人口从 2012 年末的 9899 万人减少至 3046 万人，累计减少 6853 万人；贫困发生率从 2012 年末的 10.2% 下降至 2017 年末的 3.1%，累计下降 7.1 个百分点。因此，对完成 2020 年脱贫攻坚要充满信心。

聚焦深度贫困难点和重点。在取得成绩的同时，脱贫攻坚仍然存在“突出问题”。会议指出：“当前，脱贫攻坚面临的任务和挑战还十分艰巨，存在的突出问题仍然不少。”问题主要在三个方面：首先，聚焦深度贫困难点。一些地方贫困程度深、基础条件薄弱、公共服务不足，特殊困难群

体脱贫难度大。经过几轮的扶贫开发，容易扶、容易脱的贫困对象已经实现了脱贫，目前剩下的贫困对象都是较难脱贫的部分，而最为难啃的硬骨头就是深度贫困。深度贫困地区一般集革命老区、民族地区、边疆地区于一体，基础设施和社会事业发展滞后，生态环境脆弱、自然灾害频发，致贫原因复杂，脱贫难度较大。习近平总书记曾表示，“只要高度重视，思路对头，措施得力，工作扎实，深度贫困是完全可以战胜的。”因此，在脱贫攻坚期需要拿出加倍的政策、资金和措施聚焦发展难题，破解深度贫困问题。

其次，聚焦再精准，强化作风建设，克服形式主义、官僚主义、弄虚作假现象。一些地方精准基础不扎实，政策措施不落实不到位不精准，资金使用管理不规范，形式主义、官僚主义、弄虚作假现象时有发生。从前几年的考核评估情况来看，脱贫攻坚成效考核取得了阶段性的成绩，为顺利实现2020年脱贫目标提供了重要的保障。但是考核过程中走形式、走过场、“数字脱贫”、“填表脱贫”等弄虚作假现象时有发生，不少地方在实施精准扶贫相关政策时流于表面文章、数字文章，也有不少地方在取得脱贫成绩后沾沾自喜，这些现象严重影响了精准脱贫的质量。

再次，继续实施最严格的考核评估制度。十九大报告明确指出要“提高脱贫质量”，考核评估必须为脱贫质量把好关。党的十九大报告中明确将“打好精准脱贫攻坚战”作为三大战役之一，向我们清醒地昭示现阶段精准脱贫攻坚战不仅要“打赢”更要“打好”，实行最严格的考核评估制度则是打赢和打好脱贫攻坚战的重要保障。离脱贫攻坚目标实现期限越近，任务越艰巨，越要实行严格的考核评估，只有这样才能确保精准脱贫攻坚战既打赢又打好。如何实施最严格考核评估的制度呢？我们认为以下几个方面极其重要。

最严格的考核评估要以习近平扶贫思想为指引。进入脱贫攻坚关键期，习近平总书记精准扶贫思想为贫困考核评估提供了重要的理论指引。精准扶贫思想是坚决打赢脱贫攻坚战的基本方略，其理想、目标和本质要求就是要做到“六个精准”，实现“扶真贫”“真扶贫”和“真脱贫”。其一对“精准识别”进行最严格的考核评估，确保“扶真贫”。保证真正贫困人口纳入到扶贫对象之中，并且扶贫对象中不存在非贫困人口；同时也要保证真正贫困的农村人口全部被纳入到贫困人口建档立卡之中，不存在部分甚至是极少数的贫困人口被排斥于扶贫对象识别之外。其二，对“精准帮扶”进行最严格的考核评估，确保“真扶贫”。监督政府、社会等各类扶贫资源是否较为顺畅且完整地传递给扶贫对象，保证扶贫措施与贫困识别结果实现有效衔接，扶贫资金使用安排能够很好地满足不同类型贫困农户的脱贫致富需求，扶贫资金使用达到较高效益水平。其三，对“精准脱贫”进行最严格考核评估，确保“真脱贫”。严格按照退出标准和程序退出扶贫对象（贫困户、贫困村、贫困县），贫困退出农户和村庄必须达到退出标准要求，不存在没有达到脱贫标准而“被退出”以及达到脱贫标准后“不退出”的现象。

最严格的考核评估要以贫困人口的切身利益为中心。古人云，“国以民为本，社稷亦为民而立”。农村贫困人口全部脱贫已经成为全面建成小康社会的底线目标，“脱贫攻坚工作要实打实干，一切工作都要落实到为贫困群众解决实际问题上，切实防止形式主义，不能搞花拳绣腿，不能搞繁文缛节，不能做表面文章。”其一，以民生诉求为抓手实施最严格的考核评估，确保贫困人口顺利脱贫。中国的扶贫脱贫紧紧围绕“两不愁三保障”，积极开展以改善医疗、教育、住房、环保、社会保障等为重点的考核评估工作。在我国扶贫开发过程中，扶贫考核工作对贫困人口的识别所依据的主要是收入贫困线，以此为基础确定贫困县和贫困村，通过专项扶贫开发项目和政策对贫困县和贫困村进行扶贫开发。十八大以来的扶贫工作强调“到2020年稳定实现农村贫困人口不愁吃、不愁穿，农村贫困人口义务教育、基本医疗、住房安全有保障”，简称“两不愁三保障”。以此为基础，我国扶贫脱贫考核从多维的角度对贫困人口进行识别和帮扶，并确定贫困村出列和贫困县退出情况。其二，以新时代社会主要矛盾为核心实施最严格的考核评估，确保贫困人口获得美好生活。随着我国社会主要矛盾转变为人民日益增长的美好生活需要和不平衡不充分的发展之间的矛盾，贫困人口的现实需求与利益诉求也会发生改变，因此要实施更加严格的考核评估机制，积极引导扶贫脱贫工作充分考虑贫困人口的切身利益，切实解决关系农村贫困人口的民生问题。其三，以深度贫困问题为重点实施严格的考核评估，确保如期攻克最后堡垒。步入脱贫攻坚期，剩下的尚未脱贫的贫困人口由于各种原因成为了“最难啃的硬骨头”，破解这部分群体的深度贫困问题需要进一步加强考核评估的倒逼作用，加大对深度贫困地区的考核力度，综合分析深度贫困人口的致贫原因，践行以人民为中心的发展理念，不断为民谋利、让民得利、使民获利，确保精准脱贫不留死角、不留盲区，确保如期攻克最后的贫困堡垒，推动脱贫事业的向好发展。

最严格的考核评估要以不断健全脱贫攻坚体系为主线。党的十八大短短五年时间我国逐步对贫困考核评估机制进行创新与完善，不断发挥考核评估的“指挥棒”“质检仪”的作用。打赢打好精准脱贫攻坚战要继续健全考核评估体系，切不可因循守旧、墨守成规，步入发展的新时代、脱贫的攻坚期，要以更加完善、更加严格的考核评估机制来迎接攻坚挑战。因此，要不断地健全和完善脱贫攻坚体系，将严格的考核评估贯穿到全过程、全领域。其一，以“大扶贫”格局为依托实施最严格的考核评估，确保脱贫工作务实。一方面，继续实施“五级书记抓扶贫”的脱贫攻坚责任体系，完善每年对省级党委和政府扶贫开发工作成效考核机制，确保脱贫工作在务实中不断取得新进展；另一方面，积极调动社会力量补充政府不足，充分调动企业、社会团体、公益组织参与扶贫的积极性和创造性，充分借助大数据、互联网、人工智能等手段为考核评估提供有力支撑，不断提高脱贫工作的效率。其二，以全面监督为着力点实施最严格的考核评估，确保脱贫过程扎实。积极构建脱贫攻坚监督体系，动员中央督查巡查，民主党派民主监督，纪检监察、审计、媒体、社会等各方力量合力监督，全过程、全流程、全领域的监督精准基础不扎实、政策措施不落实不到位不精准、资金使用管理不规范等形式主义、官僚主义、弄虚作假的现象和行为，保障脱贫工作扎扎实实推进、实实在在见效。其三，以创新考核评估方式手段实施最严格的考核评估，确保脱贫结果真实。综合采取多种考核方式，比如，通过自评（自查）、复评（复查）、他评（交叉评估）、第三方评估相结合的方式，提高考核结果的公平性、公正性和客观性。同时也应该避免加重基层负担，尽量精简指标、简化程序，比如省际交叉考核去掉“两率一度”，增加对脱贫人口返贫情况的考核；第三方评估简化“两率一度”调查问卷，重点围绕“两不愁三保障”“三落实”等设计；充分利用好建档立卡数据，使用信息化技术，不进行重复调查，提高评估效率。

最严格的考核评估要以可持续发展为目标。在过去相当长一段时间，经济的发展指标被各级政府放在首要位置，虽然有着某种历史的必然性，但也在一定程度上加剧了发展均衡性的矛盾。伴随“创新、协调、绿色、开放、共享”五大发展理念”不断深入人心，贫困地区的考核评估也需要注重发展的均衡性、稳定性、共享性和持续性。其一，最严格的考核评估要认识到“绿水青山就是金山银山”。贫困地区的考核与发展要积极增设绿色生态环境指标，充分发挥贫困地区丰富的乡土资源优势，提高国家生态安全和可持续发展能力。目前已有部分地区初步将绿色发展和生态环境保护的指标纳入到考核指标体系中来，但其所占比重还较低，建议进一步提升绿色发展、生态环境保护等指标权重。其二，最严格的考核评估要将扶贫与扶志、扶智相结合。就“扶志”而言，要考察贫困群众精神状况、帮扶工作人员的工作作风和态度，不要仅仅考核基层的“填表”能力，而要积极引导他们形成艰苦奋斗、自强自立、苦干实干的精神状态。就“扶智”而言，一方面，要注重考察培育贫困群众发展生产和务工经商的基本技能，从而提高贫困地区和贫困群众自我发展能力；另一方面，要考察教育扶贫工程建设情况，是否采取更加有力的措施，让贫困家庭子女都能享有公平而有质量的教育。

贫困考核评估是全面从严治党在脱贫攻坚领域的重要体现，是倒逼各地抓好落实、检验脱贫质量的重要手段，是确保打赢、打好精准脱贫攻坚战的重要保障。未来三年，历史性地解决中华民族千百年来的绝对贫困问题，让现行标准下的贫困人口同全国人民一道迈入小康社会，是我们必须完成的重大任务。我们要满怀信心，聚焦深度贫困难点和重点，厉兵秣马再创辉煌，以最严格的考核确保打好打赢精准脱贫攻坚战。以习近平扶贫思想为指引，以贫困人口的切身利益为中心，以不断健全脱贫攻坚体系为主线，以可持续发展为目标，让脱贫成效真正获得群众认可、经得起实践和历史检验。

“真抓实干，埋头苦干”确保打好脱贫攻坚战目标实现

（2018 年 6 月国内外减贫热点专题评论）

党的十八大以来，我国的扶贫工作取得了决定性进展和显著成绩。现阶段，脱贫攻坚已经从“打赢”向“打好”转变。在这个关键转折点，习近平总书记强调脱贫攻坚工作必须“真抓实干、埋头苦干”。这一重要指示是提高脱贫质量、实现可持续脱贫的法宝，是打好脱贫攻坚战的八字真经。在脱贫攻坚过程中，唯有真抓实干，才能夯实致富之基；唯有埋头苦干，才能巩固脱贫之本。脱贫不是靠空谈，也不能纸上谈兵，而是要实实在在地干，要埋头苦干。一方面，脱贫攻坚工作要避免走形式，走过场，将脱贫工作真真切切落到实处；另一方面，脱贫攻坚工作要有愚公移山之意志，要埋得下头，吃得了苦，咬定目标，脚踏实地，埋头苦干，坚决打好脱贫攻坚战。

一、“真抓实干，埋头苦干”是推动 2020 年如期脱贫目标实现的新要求

第一，“真抓实干，埋头苦干”体现出我国宣战 2020 的勇气和信心。一方面，我国是人民当家作主的社会主义国家，让贫困人口有更多的获得感和幸福感是新时代经济社会发展中的应有之义。另一方面，我国目前已经成为名副其实的世界大国，有责任做好中国减贫事业，为世界减贫做出中国表率。这两方面都要求我们必须扎扎实实推进脱贫攻坚工作，习近平总书记的这一指示正体现了我们实现 2020 年全部脱贫目标、承担大国责任

的决心。第二，2020年如期脱贫任务艰巨繁重，呼唤“真抓实干，埋头苦干”作风。十八大以来，我国的脱贫攻坚取得了骄人成绩，但当前脱贫攻坚形势依然严峻。一方面，经济增长速度放缓，给我国减贫带来巨大挑战。另一方面，扶贫开发还面临许多新问题，如贫困村空心化、老龄化等问题。脱贫攻坚先易后难，越往后成本越高、难度越大、见效越慢。因此，确保贫困人口到2020年如期脱贫，必须咬定青山不放松，以务实和坚毅之精神助力脱贫攻坚。第三，以“真抓实干，埋头苦干”启动2020年如期脱贫的精神引擎。在脱贫攻坚战工作中，想不想抓落实、敢不敢抓落实、会不会抓落实以及想不想吃苦、敢不敢吃苦、能不能吃苦检验着我们开展扶贫工作的精神状态、工作作风和干事能力。现阶段，一是要以高标准高要求促实干，杜绝一切形式主义、官僚主义及弄虚作假，并始终将其贯穿于脱贫攻坚工作全过程和各环节，打牢脱贫攻坚的基础，使脱贫成效经得起实践和历史的检验。二是要发扬求真务实、艰苦奋斗的工作作风。加强党员干部脱贫攻坚的信心和吃苦耐劳的决心，努力消除脱贫攻坚工作中的急躁情绪以及消极腐败现象，使脱贫攻坚乘势前进，再创辉煌。

二、“真抓实干，埋头苦干”是破解深度贫困难题的关键

第一，“真抓实干，埋头苦干”是解决深度贫困、确保顺利脱贫的关键。深度贫困扶贫的重要性和艰巨性决定了在这些地区开展扶贫工作必须要“真抓实干，埋头苦干”。一方面，深度贫困问题的破解至关重要。随着扶贫工作不断推进和深入，深度贫困地区成为脱贫攻坚最后阶段的重中之重。深度贫困地区能否顺利脱贫，是解决新时代中国特色社会主要矛盾的必然要求，关系到2020年全面脱贫的目标以及全面建设小康社会的实现。另一方面，深度贫困问题是脱贫攻坚中最难啃的“硬骨头”。深度贫困地区生态环境脆弱、自然灾害频发，基础设施和公共服务缺口大，且贫困人口占比高、贫困发生率高。深度贫困地区在2020年如期实现脱贫攻坚目标，难度之大可想而知。第二，以“真抓实干，埋头苦干”打牢深度贫困地区脱贫攻坚基础。深度贫困地区脱贫攻坚是硬仗中的硬仗，打好深度贫困地区的脱贫攻坚战役，更加需要“真抓实干，埋头苦干”。一方面，深度贫困地区的脱贫攻坚工作不能急功近利，好高骛远，而是要在脚踏实

地的基础上行非常之力。认清深度贫困的脱贫攻坚形势，充分把握该地区的经济社会发展和自然环境等客观条件，并以此为依据制定因地制宜的对策。另一方面，深度贫困地区的生存环境恶劣，因此，脱贫攻坚要不畏艰辛、不怕吃苦，躬行实践，夯实扶贫路上的脚印，使深度贫困地区踏上脱贫致富之路。

三、“真抓实干，埋头苦干”是加快解决精神贫困问题的前提

第一，“真抓实干，埋头苦干”力求能寻找并制定克服精神贫困的有效手段。精神贫困是扶贫工作“最大的敌人”和可持续脱贫的“拦路虎”，只有培养勤劳致富、吃苦耐劳的精神才能提高贫困人口的积极性、主动性和创造性，防止返贫，提高脱贫质量。最可怕的贫困不是物质上的贫困，而是精神上的贫困。贫穷不可怕，可怕的是没有志气。“等、靠、要”思想不破除，扶贫脱贫的目标就不可能如期实现。想要真正摆脱贫困，就必须在精神上脱贫，贫困群众要有摆脱贫困的愿望、信心和动力。培养贫困人口肯干、实干、苦干的精神，脱贫致富才有希望，扶贫的目的才可能真正实现。第二，以“真抓实干，埋头苦干”提升贫困地区内生动力，实现可持续脱贫。现阶段，我国脱贫攻坚工作中的精神贫困问题较为严重。一些贫困地区的干部和群众存在“等、靠、要”思想，缺乏内生动力。为此，在脱贫攻坚领域中要积极倡导“真抓实干，埋头苦干”。一是要处理好国家、社会帮扶和自身努力的关系，要改进工作方式方法，不能一味给予，要鼓励自力更生、艰苦奋斗、勤劳致富，坚定贫困群众脱贫的信心，点燃贫困群众靠自己的双手致富的理想，变输血为造血。二是扶贫干部要以身作则，察真情、做实事，扎根基层、埋头苦干。榜样的力量是无穷的，贫困地区的干部要为贫困群众树立良好的典范，传递求真务实、艰苦奋斗的精神。

伟大的精神能够引领时代不断向前发展，习近平总书记提出的“真抓实干，埋头苦干”的精神为我们树起了扶贫脱贫的精神丰碑，必将有力推动我国扶贫脱贫工作的开展。在这一精神的引领下，我们必将创造出无愧于时代的辉煌业绩。

深度贫困地区如何利用教育扶贫“拔穷根”

（2018年7月国内外减贫热点专题评论）

步入脱贫攻坚期，贫困治理面临突破深度贫困强力约束和致富发展两大难题。前者关系到扶贫脱贫的难度，影响着2020年脱贫攻坚任务能否完成；后者关系到扶贫脱贫的长期可持续性。假如仅仅关注短期脱贫目标的实现，而忽视深度贫困人口长期致富能力的提升，其结果就是深度贫困问题暂时得到缓解，但深度贫困人口致贫根源却未消除。解决这两个因素的最佳办法就是通过教育扶贫路径寻求深度贫困地区脱贫目标的实现。我们必须清醒地认识到，贫困问题的根本是教育文化问题，扶贫不能靠单纯地给钱给物、送暖送礼，脱贫也不能是简单的收入脱贫、物质脱贫，要想从根本上实现贫困人口脱贫必须找准贫困的病症、狠抓贫困的源头，利用教育扶贫“拔穷根”。

一、教育扶贫是深度贫困地区“拔穷根”的关键

贫困问题一直是困扰人类社会发展的重大问题。新中国成立以来，尤其是改革开放以来，我国一直在为解决贫困问题而进行不断的探索。我国幅员辽阔、人口众多、历史绵长，致贫原因复杂。从东部发达地区到中西部贫困地区，从农村贫困地区到少数民族聚居区，贫困有共性也有个性，有普遍性也有特殊性，有趋同也有差异。贫困治理有国家顶层设计的层面也有地方因地制宜的层面，有片区开发、整村推进扶贫，也有精准、因人施策扶贫。教育扶贫作为扶贫政策的重要组成部分，作为精准扶贫“五个

一批”之一，在处理复杂的贫困问题时，始终遵循贫困治理规律，因地制宜、精准施策，积极发挥其根本性、先导性、先决性的重要作用。

党中央强调“扶贫先扶智，扶贫必扶志”，党的十九大报告指出“扶贫要同扶智、扶志结合起来”，习近平总书记强调“贫困地区、贫困群众首先要有‘飞’的意识和‘先飞’的行动。没有内在动力，仅靠外部帮扶，帮扶再多，你不愿意‘飞’，也不能从根本上解决问题”。在扶贫脱贫过程中，“智”和“志”是内力、内因，只有真正激发贫困人口脱贫的这种内力、内因，才能形成脱贫致富的可持续发展能力，才能阻断贫困的代际传递。我国贫困地区尤其是深度贫困地区，之所以深陷贫困不能自拔，固然受到自然地理、民族宗教等因素的影响，但更深层次的原因是教育水平长期低下。要根本解决深度贫困地区的贫困问题，亟需从教育入手，因地制宜，分地区、分民族、分阶段制定教育发展策略，推动深度贫困人口持续脱贫，打破贫困代际传递，拔除贫困根源。

二、深度贫困地区教育扶贫全方位推进

步入脱贫攻坚期，各地认真贯彻习近平扶贫开发战略思想，按照扶贫先扶智、扶贫必扶志的总体思路，不断加大深度贫困地区资金投入和支持力度，从基础设施建设到师资队伍建设，从贫困学生资助到课程体系完善，全方位推进深度贫困地区教育质量提升。教育扶贫成为深度贫困地区“拔穷根”的关键举措。

首先，相关部门积极响应中央的脱贫攻坚部署，制定多项针对贫困地区的教育扶贫政策和措施。2015 年，教育部实施了 20 项教育扶贫全覆盖政策，针对不同等级、不同对象、不同地区，制定相应政策措施。政策措施涉及学前教育、义务教育、中等教育、高等教育以及乡村教师等方面。比如，义务教育阶段实施的“两免一补”、《国家贫困地区儿童发展规划（2014—2020 年）》、《乡村教师支持计划（2015—2020 年）》等政策。2016 年，教育部制定了首个《教育脱贫攻坚“十三五”规划》，并且明确提出实现贫困地区“人人有学上、个个有技能、家家有希望、县县有帮扶”。2018 年，教育部贯彻落实习近平总书记在深度贫困地区脱贫攻坚座谈会上的重要讲话精神和《中共中央办公厅、国务院办公厅关于支持深度

贫困地区脱贫攻坚的实施意见》，制定了《深度贫困地区教育脱贫攻坚实施方案（2018—2020 年）》。方案提出建立“三区三州”教育扶贫台账，稳步提升“三区三州”教育基本公共服务水平，面向“三区三州”实施推普脱贫攻坚行动，多渠道加大“三区三州”教育扶贫投入，切实打好深度贫困地区教育脱贫攻坚战。

其次，地方政府在落实教育扶贫政策时主动作为、积极创新，分学段、分对象全面展开教育扶贫政策，推进深度贫困教育扶贫事业健康有序开展。我们必须清醒地认识到教育扶贫在扶贫开发中的地位。一方面，教育扶贫具有周期性和长期性特点。教育扶贫一般包括学前教育、义务教育、高中教育、高等教育等几个扶贫学段，每一个学段的周期性很明显，这就导致教育扶贫周期长、见效慢。另一方面，教育扶贫对象具有复杂性和特殊性特点。教育涉及教师、学生、课程和环境四个要素。在制定教育扶贫政策时，既要系统地考虑这四个教育要素，也要区别对待每个教育要素。教育扶贫的特点对教育扶贫政策的落地提出了具体的要求，地方政府只有充分地认识到教育扶贫的特点，才能制定最佳的教育扶贫政策，并利用教育扶贫“拔穷根”。从目前深度贫困地区教育扶贫的实施情况来看，在学前教育方面，应不断加强学前教育建设，加强乡镇幼儿园和“一村一幼”建设，规范“一村一幼”辅导员管理；在义务教育方面，应确保适龄儿童少年全部接受义务教育，加大薄弱学校改造力度，加强寄宿制学校建设，加大控辍保学力度；在学生方面，应构建全覆盖的资助体系，不让一个家庭孩子因贫失学；在乡村教师方面，应实施贫困县义务教育乡村教师编制保障工程，全额满足贫困县“特岗计划”教师招聘需求，公费师范生培养计划向贫困县倾斜，加大“国语”教师培养和补充力度，加大“国培计划”和省级教师培训项目对贫困县的倾斜力度，实施“银龄教师”支教计划。

三、深度贫困地区教育扶贫任重道远

深度贫困地区是当前脱贫攻坚的主战场，而教育扶贫是解决扶贫难题的根本举措。攻克深度贫困堡垒，应该是从教育扶贫入手，着重在扶志与扶智、起点与过程、治标与治本、短效与长效四个结合上发力，确保完成

“发展教育脱贫一批”任务，助力深度贫困地区顺利脱贫。

（一）扶志与扶智相结合，激发深度贫困地区人民群众脱贫的内生动力

深度贫困不仅表现在缺衣少粮的物质贫困，更表现在与经济社会发展相脱离的思想贫困以及表现在依赖等靠要的精神贫困。在“扶志”方面，重点是要把深度贫困地区农民的脱贫主观能动性激发出来，提升自我脱贫的志气和勇气，摆脱“等靠要”的懒人思维和依赖心理，生发依靠自我劳动和自我奋斗脱贫致富的生存和发展能力。在“扶智”方面，一是大力支持深度贫困地区学前教育、义务教育和高中教育，提升儿童及青少年的认知能力、知识水平，坚决阻断贫困代际传递；二是拓展职业教育与技能培训范围，保障深度贫困地区有劳动意愿的人拥有一技之长，深入开展职业教育东西协作，因地制宜开展好劳务培训与劳务输出工作，提高深度贫困地区劳动力就业创业能力。

（二）起点与过程相结合，让深度贫困地区的孩子共享教育机会和教育资源

深度贫困地区教育脱贫也要解决教育公平的问题。深度贫困地区的教育发展首先要注重起点公平，让每一个孩子享有平等机会。为了平等享受教育机会，政府从一开始就应该提供平等的物质条件，积极改善深度贫困地区教学基础设施，改善学生学习、生活的条件。其次要加强过程公平，让深度贫困地区共享优质教育资源。在保障深度贫困地区顺利脱贫的同时，也保证深度贫困地区儿童在建设教育强国道路上不掉队。

（三）治标与治本相结合，因地制宜实现教育扶贫政策供给与需求的精准对接

笔者认为，深度贫困地区教育扶贫应该注重治标与治本相结合，不搞“运动式”、“跑道式”形象工程，而应该因地制宜，充分考虑区域发展现实情况和区域内人民群众的现实需要，将教育扶贫的政策供给与实际需求进行精准对接，从根本上拔出穷根。因此，深度贫困地区教育事业发展需

要考虑其地域、人文特征，将政府脱贫政策与当地特色相结合。

（四）短效与长效相结合，创新深度贫困地区教育扶贫政策实施的方式方法

教育扶贫不仅是一项长期性工作，也同时是一项基础性工作，如果不给予充分重视，必将影响整个脱贫攻坚的顺利实施。在脱贫的三年攻坚期内，建议在深度贫困地区广泛开展“优秀团队进学校、有趣科普进课堂”活动，一方面，积极组织优秀团队与深度贫困地区对接与联系，根据地域特色，组织不同团队，发挥文化团队、科技团队、专家团队在教育扶贫中不同作用；另一方面，基于深度贫困地区脱贫困境，结合科普小知识，创新性提出能够结合学生发展的脱贫思路，让孩子和家庭参与到脱贫中去，提高脱贫的参与性和持续性。短效是为长效打基础，教育的本质决定了教育扶贫工作的长期性和持久性，当前的教育扶贫工作不仅要当作一场攻坚战也要当作一场持久战，久久为功，方能取得胜利。

继续加强东西部扶贫协作助力脱贫攻坚目标高质量完成

（2018 年 8 月国内外减贫热点专题评论）

东西部扶贫协作作为中国特色贫困治理体系的重大创新，已经成为推动区域协调发展、协同发展、共同发展的关键举措，同时也成为实现先富帮后富、最终实现共同富裕目标的关键路径。在中国经济社会发展的新时代背景下，在精准扶贫、精准脱贫战略引领下，东西部扶贫协作充分发挥东西部地理区位优势、人力资本优势、产业结构优势，逐步构建起“优势互补、互惠互利、长期合作、共同发展”的大格局，切实保障西部贫困地区打赢打好脱贫攻坚战。

东西部扶贫协作是党和国家为“消灭贫困，实现共同富裕”所作出的一项战略举措，是服务“两个大局”思想的重要体现，构成了中国特色贫困治理体系的重要内容，创造了贫困治理的中国范式、中国经验和中国方案。

东西部扶贫协作是支持和帮助西部贫困地区摆脱贫困的重要路径，是确保西部贫困地区如期脱贫的重要保障。东西部扶贫协作以动员、组织东部沿海省市对西部欠发达地区提供资金、技术人才等多方面援助为基础，以经济协作为主要手段，以实现西部贫困地区经济社会全面发展和贫困人口脱贫致富为目标。东西部扶贫协作已经成为西部贫困地区摆脱贫困的重要路径，通过积极动员和利用东部发达地区人力、物力、财力优势，采取对口支援、精准帮扶的政策措施，准确对接西部地区发展的薄弱环节，高效整合西部地区资源禀赋，有效撬动西部地区发展潜力，在实现东部与西部、发达与落后、协作与互补的基础上，确保如期完成脱贫攻坚任务。

东西部扶贫协作是践行共享发展理念的最好体现，是实现东西部优势互补、互惠互利、共同发展的必要条件。东部沿海较发达地区在技术人才、资金、市场信息等方面拥有西部贫困地区无法企及的优势，但是面临着资源能源匮乏、劳动力短缺、市场饱和、潜力小等困境；西部贫困地区幅员辽阔，有自然资源能源储量丰富、劳动力低廉、市场潜力大、国家基础设施建设的投资重点逐步向西部倾斜等优势，但是缺乏经济社会发展所需的资金、技术人才、信息及先进的理念。

东西部扶贫协作是贫困治理走向协作、合作和共同发展的创新模式，必将成为推动“一带一路”和构建人类命运共同体的重要支撑。我国目前实施的东西部扶贫协作并非单纯地输入东部地区的资本、人才、产业等，更重要的是在资源、人才、资金、技术等方面进行要素整合、协作交流，实现发达地区与落后地区的合作共赢。西部贫困地区作为我国连接世界的重要阵地，其发展状况如何直接关系到我国的大国形象和大国责任，东西部扶贫协作这一创新模式必将成为我国推进“一带一路”建设和构建人类命运共同体的重要支撑。一方面，西部贫困地区作为“一带一路”国内建设和发展的重点，需要进一步加强自身贫困问题的减弱即扶贫脱贫；另一方面，以西部贫困地区为基点，以东西部扶贫协作为模板，要不断推动沿线国家扶贫脱贫的国际合作，主动分享和贡献中国的扶贫脱贫经验和智慧，推动全球减贫事业发展。

（本文于2018年7月19日发表在《光明日报》张琦、史志乐）

积极推进全域旅游与绿色减贫相融合

——以贵州省荔波县全域旅游为例

（2018 年 9 月国内外减贫热点专题评论）

我国中西部贫困地区存在典型的“三高”问题，即贫困发生率高、贫困脆弱性高、生态环境脆弱性高。要想破解“三高”问题就需要寻求三者之间的统一关系，充分挖掘贫困地区的生态资源优势，推进全域旅游与绿色减贫相融合，让“绿水青山”转变成“金山银山”，降低贫困发生率，顺利实现贫困地区脱贫。

贵州省荔波县近年来积极践行绿色减贫理念，大力推行全域旅游战略，创新性地落实好精准扶贫精准脱贫政策，在发挥荔波县生态旅游资源的基础上，带动脱贫攻坚工作取得重大进展。

一、绿色减贫助力全域旅游新发展

绿色减贫是全域旅游推进落实的内在要求与行动依据，是在新时代、新机遇、新形势背景下，践行“绿水青山就是金山银山”，落实“五个一批”，确保贫困地区打赢打好脱贫攻坚战的重要遵循。当前中国旅游业已经步入全域旅游新时代，全域旅游也已成为国家战略，2016 年 7 月，习近平总书记在考察宁夏时指出：“发展全域旅游，路子是对的，要坚持走下去。”2018 年 3 月，国务院办公厅印发《关于促进全域旅游发展的指导意见》指出：将全域旅游发展与农业现代化、脱贫攻坚紧密结合，大力实施旅游扶贫，充分发挥旅游助推脱贫致富作用。

贵州省荔波县始终坚守发展与生态两条底线，牢固树立“绿色青山就是金山银山”的绿色发展理念，以绿色生态为基础，以“全域旅游”战略为抓手，主动适应新时代的发展要求，以旅游业为核心，把一、二、三产和城镇化导入可持续发展的轨道，真正把荔波具有原生性、唯一性、稀缺性的优势资源转化为产业优势、经济优势和发展优势。最新数据显示，2018 年 1 –7 月，贵州荔波接待游客超 1000 万人次，增长 45.2%，实现旅游总收入 101.51 亿元，增长 46.9%，大小七孔景区暑假期间连续 11 天入园人数超 4 万。此外，荔波县还鼓励贫困人口参与全域旅游当中，支持贫困群众发展农家乐、民族手工艺品等旅游相关特色产业，激发群众内生动力，增强贫困人口“造血”功能，走出了一条经济效益、社会效益、环境效益同步提升的可持续发展之路，实现绿水青山生态美、金山银山百姓富的有机统一。

二、全域旅游彰显绿色减贫新理念

全域旅游是绿色减贫新理念的直接外显形式，是在新阶段、新理念、新思维方式下，解决如何运用旅游产业工具，落实“五大发展理念”、推动贫困地区脱贫攻坚达到更高境界的重要推手。在联合国可持续发展的框架下，绿色减贫兼顾了脱贫与环境保护双重任务，为实现贫困地区可持续发展提供了基本思路和根本遵循。贵州荔波县将县域内原始生态和原始风情与深度贫困有机结合，转变发展思路、大胆进行经济转型，借助大小七孔的知名度和荔波自然风光发展“全域旅游”，着力强化交通、金融、项目、人才“四个支撑”，由“黑色”的煤炭经济转向“绿色”的旅游经济，有效地发挥了区域内旅游业这一优势产业，提升了整个县域的经济社会发展水平。荔波县没有利用粗放式的经济发展方式，没有走“先污染再治理”的老路，而是从一开始就明确了绿色发展思路。从实践角度看，绿色减贫是最有尊严且返贫率最低的扶贫方式，荔波县的“全域旅游”也正是依托绿色减贫理念，打造了基础设施路网建设、生态保护景区建设、村民文化民俗建设等全方位、立体化的全域旅游发展格局，实现了区域资源的有机整合、产业资源的有机融合以及社会力量的共建共享，在彰显绿色减贫理念的同时增进了贫困人民福祉，增强贫困群众的获得感。

三、不断推进绿色减贫与全域旅游大融合

十九大报告强调要推动绿色发展，形成绿色发展方式和生活方式，贫困地区实施“全域旅游”战略正是契合了我国经济发展的阶段需求，践行了“绿色发展”的理念，同时也促进了贫困地区的可持续发展。为此，需要进一步推进绿色减贫与全域旅游的大融合，充分认识绿色减贫与全域旅游之间的关系，完善贫困地区全域旅游的发展规划，加强贫困地区全域旅游的基础设施建设，创新贫困地区全域旅游的产品供给，构建贫困地区全域旅游的产业链条，推动贫困地区持续健康发展。

第一，完善贫困地区全域旅游的发展规划。贫困地区实施全域旅游首先需要将旅游发展作为重要内容纳入经济社会发展规划和城乡建设等相关规划中，完善旅游规划体系。根据绿色发展和脱贫攻坚的要求，荔波县制定了“545 发展体系”，从“全空间、全季节、全产业、全服务、全社会”五点上入手，把过去传统旅游的单一方式组合成一个整体，在改善交通、引进投资、吸引人才、建设项目四个方面狠下功夫，为全域旅游发展战略奠定基础。同时，在实施过程中注重生态环境和人文景观的融合，深度挖掘生态和民族文化资源，发展生态经济和文化经济，真正把荔波具有原生性、唯一性、稀缺性的优势资源转化为产业优势、经济优势和发展优势。

第二，加强贫困地区全域旅游的基础设施建设。旅游公路是兼具交通与旅游双重功能的公路，是绿色公路建设的重要内容，是服务乡村振兴战略、促进交通与旅游融合发展、精准扶贫的重要载体。荔波县在深入实施“全域旅游交通建设三年行动计划”的同时，配合推进贵南高铁荔波站建设，加快形成贵阳、南宁 1 小时交通圈，全面构建“南下两广、北上川渝、东联华中”的快捷路网，全面推进荔波机场改扩建，新建改扩建大小七孔景区至茂兰景区 S418 连接线等交通干道 1320 公里，建成旅游公路 320 公里，率先在全州实现乡乡通油路、村村通公路目标，并逐步形成大环线、小环线、网络线，构建“陆空并进，内有外快”的立体旅游交通体系，为荔波全域旅游作支撑。

第三，创新贫困地区全域旅游的产品供给。大力做好“旅游 +”，推动旅游与城镇化、工业化、商贸业、农业、林业、水利、交通、环保、国

土、海洋、气象等融合发展。荔波县立足旅游发展条件和发展阶段，着眼于市场要素的配置，找准重点和突破口，充分利用“旅游+”的手段，实现有针对性的产品创新。比如荔波县努力抓好绿色生态安全食品的供给，利用世界遗产地生态品牌溢出效应做好特色经营，目前已形成经果林、蔬菜种植、种桑养蚕、茶叶种植、中药材、畜牧养殖的特色农业大健康产业发展布局。“旅游+”可进行多方位、多层次、多种类的融合，任何一个“旅游+”的产业，都应该是可以单独支撑起全域旅游特色的产业；同时，产业之间也可相互叠加，对全域旅游的发展起到更好的支撑作用。

第四，构建贫困地区全域旅游的产业链条。发展全域旅游，以“绿水青山”就是“金山银山”为追求目标，把生态资源、文化资源和少数民族文化遗产变成整体的产业链。因此，要以生态保护为前提，保护自然生态、田园风光、传统村落、历史文化、民族文化等资源，延续传统空间格局，注重文化挖掘和传承，形成美丽乡村示范村、文化特色小镇、古城历史街区等基地，延伸全域旅游的产业链，提供全程化、一体化的服务，比如在民宿区倡导绿色环保理念，在客房装饰设计上融入绿色、低碳元素，用料选材讲求返璞归真，体现亲近自然、回归自然，散发宁静、抚慰人心的气息。同时也要注重推动生态建设产业化，实现生态和经济双赢，比如通过捆绑各类林业、农业、扶贫项目资金，大力发展经果林，推动农业林业产业化发展。目前荔波县已建成樟江蜜柚、茶叶、科技杨梅、血桃、脐橙、刺梨、油茶、无患子等经果林基地10万亩，林业总产值达8.7亿元，在实现生态效益的同时也实现了经济效益。

（本文于2018年9月18日发表在《民生周刊》史志乐）

新时代新使命：2020年后中国绿色减贫

（2018年10月国内外减贫热点专题评论）

2020年后，我国扶贫脱贫将会进入新的历史阶段，从消除绝对贫困向缓解相对贫困转变，从农村扶贫向统筹城乡转变已经基本形成共识，但要实现以上两个转变都离不开绿色减贫方式。因为绿色发展处于五大发展理念的核心位置将会长期不变，而消除一切形式的贫困既是联合国2030年可持续发展议程目标，同样也是中国2020年后减贫的新使命。毋庸置疑，无论从完成和推进我国精准脱贫和污染防治、防范化解重大风险三大攻坚战的新责任，还是完成新时代我国战略目标看，绿色减贫都将是2020年后我国减贫战略的必然选择。扶贫改革实践证明，绿色减贫既是提升巩固脱贫攻坚质量的内在要求，也是贫困地区发展转型的战略方向需要，也是顺应全球可持续发展目标的必然趋势和深化国际减贫合作与交流的有效方式。那么，绿色减贫的基本内涵是什么？怎样评价近年来我国绿色减贫实践和政策实施的效果？2020年后绿色减贫可能面临哪些机遇和挑战？2020年后我国绿色减贫战略的目标、任务、重点和难点是什么？这些问题都需要提早进行研究，对此，笔者想提出一点思考和建议，供大家研究参考。

一、绿色减贫的基本概念和主要内容是什么？

笔者在此将其概括为通过绿色可持续发展和生态环境保护为导向的扶贫减贫的理念、行动和政策制度体系。将绿色可持续发展和生态环境保护与扶贫减贫相融合，可将绿色减贫归纳为以下四种方式，即绿色产业发展扶贫、生态保护与补偿扶贫、易地搬迁扶贫和绿色资源开发扶贫。

二、如何评价十八大以来我国绿色减贫政策实施效果?

十八大以来，在我国实施精准扶贫精准脱贫过程中，中央和国家机关各部门围绕绿色减贫出台了一系列政策措施，因地制宜探索出各式各样的绿色减贫实践，绿色减贫政策及制度体系得以不断完善。主要表现在：

（一）生态保护与补偿方面的政策框架基本形成。第一，生态补偿类的政策不断完善。财政支持力度不断加大，补助标准逐年提高；建立了相应的激励、考核、奖励制度，并向西部贫困地区倾斜；统筹山水林田湖草系统治理，生态补偿类型不断完善。第二，以工代赈、公益岗位等间接性生态工程补偿政策稳步实施。以工代赈、公益性岗位等间接性生态工程对贫困人口脱贫有一定的促进作用；积极开展了生态补偿综合试点，创新资金使用方式。在一定程度上起到了减贫的作用。

（二）在绿色产业扶贫政策方面，形成了以绿色农业和旅游扶贫两大主要扶贫模式。第一，绿色农业进展迅速。形成了以绿色发展为导向的新型绿色农业。第二，旅游扶贫的作用愈来愈明显。旅游扶贫体系不断完善，休闲农业与乡村旅游发展迅速，生态产业融合加快。第三，易地扶贫搬迁政策实施成效显著。无论是搬迁还是后续扶持都取得了比较突出的效果。第四，在环境资源开发政策方面，形成了以“三变改革”为主要模式的资产收益模式，以光伏扶贫为代表的资源开发新扶贫模式，扶贫脱贫效果明显。

总体来看，通过近几年的实践，我国绿色减贫理念得到进一步发展，绿色发展已经成为贫困地区社会经济发展的主导思想，绿色减贫逐渐成为我国扶贫开发的有效方式，特别是构成当前精准扶贫精准脱贫的重要元素。生态补偿有效改善区域生态环境，增加贫困人口政策性收入；生态资源开发改善贫困人口生计模式，提升贫困人口可持续发展能力；易地扶贫减轻贫困地区生态环境压力，改善贫困人口生产生活条件；转化生态环境资源效益，探索资产收益扶贫新方式。

三、未来中国绿色减贫面临的主要挑战有哪些?

笔者认为，2020 年后，中国绿色减贫政策面临的挑战主要是随着“建档立卡贫困户”的脱贫，绿色减贫的政策对象面临重新确定的问题；2020年后低收入人口和欠发达地区进一步向西部环境脆弱区聚集，绿色减贫压力仍然很大；主体功能区政策对欠发达地区发展的限制将长期存在，生态功能区、生态脆弱区的生态保护与减贫和发展之间的矛盾会逐渐突出；绿色发展和减贫对中央财政压力持续增加；绿色减贫还存在其他几个长期难以解决的技术性问题。

四、2020年后我国绿色减贫的思考和几点建议

根据新时代中国扶贫脱贫新使命，结合我国未来国家总体发展战略走向，笔者认为，2020年后的绿色减贫，国家应从战略层面上推动“绿色减贫工程”，可尝试部署和制定《绿色减贫十年规划》。在绿色减贫的总体原则上，首先，考虑区域瞄准，兼顾保护与开发。即开发与保护并重、分区域实施，宜开发则开发、宜保护则保护，突破“开发与保护”的两难境地。其次，以“三个面向”为重点，分类实施绿色减贫战略。即面向深度贫困地区，面向生态脆弱地区，面向绿色资源富集地区。

从时序推进来看，2020年后绿色扶贫可考虑分为三个阶段（至2035年，以乡村振兴第二个阶段完成为时间节点）：2020年至2025年，完成绿色减贫的体制机制建设，完成生态扶贫搬迁；2025年至2030年，绿色资源开发形成规模，形成具有核心竞争力的现代化绿色产业；2030年至2035年，绿色产业基本实现现代化，欠发达地区农民就业质量大幅提升，相对贫困问题也得到一定缓解。从区域推进战略来看，2020年后绿色减贫要按照区域间差异分类实施。即结合《主体功能区规划》和《生态功能区规划》可以按以下不同功能进行战略功能定位：第一，生态脆弱地区。主要是面临较大生态、环境风险的地区，区域范围主要包括主体功能区中禁止开发区的全部、限制开发区中生态功能区的大部分欠发达地区、低收入人口。这类地区的发展以减少人对生态的扰动为主，策略上以整体性的生态扶贫搬迁为主。第二，农产品提供地区。区域范围主要是生态环境较好、资源富集地区，以及为城市提供服务的地区，主要是《主体功能区规划》限制开发区中农产品主产区以及《生态功能区规划》中产品提供地区。政策方向主要是尽可能减少对环境扰动的基础上，利用绿色资源，以绿色资

源开发、现代农业为主，并承接部分生态扶贫搬迁。第三，边境地区。区域范围主要是靠近边境的欠发达地区，以服务国家领土安全、恢复和保护生态为主，策略上以生态补偿、公益性岗位为主。第四，深度贫困地区。区域范围以目前“三区三州”为主，策略上以基础设施改善、公共服务均等化为重点，综合开展绿色减贫工程。第五，其他欠发达地区。区域范围是除以上区域之外的欠发达地区，策略上以绿色资源开发为主，实施综合性绿色减贫战略。

从政策保障体系来看。2020 年后绿色减贫作为一项国家战略和综合性工程，笔者认为搭建一套整体性的政策保障架构是非常必要的。至少包括但不限于以下几个方面。首先，赋予绿色减贫明确的国家减贫战略定位，积极实施绿色减贫工程。其次，明确欠发达地区特别是西部欠发达地区的定位，即重点解决好处于限制开发功能区和禁止开发功能区范围内的欠发达地区在发展规划与保护规划之间的关系，有必要从制度上重新明确，建立面向重点生态功能地区和生态脆弱地区的瞄准机制。第三，建立绿色减贫综合性保障机制。主要包括绿色减贫的财政金融支持机制、考核评价机制、益贫瞄准机制、产业引导机制和社会动员机制，加快推动和完善绿色资产核算，积极尝试和建立绿色产品资产化和资本化的市场机制。第四，建立科学全面系统的绿色减贫监督考核机制，科学合理制定和完善绿色减贫考核指标体系，积极推进并实施绿色减贫考核制度。第五，不断探索、完善绿色减贫的模式。从生态补偿、绿色产业、生态扶贫搬迁和绿色资源开发等绿色减贫模式入手，不断放大绿色减贫的效果。

实施乡村振兴，需要绿色减贫推动

（2018年11月国内外减贫热点专题评论）

实施乡村振兴战略，是党的十九大作出的重大决策部署，是决胜全面建成小康社会、全面建设社会主义现代化国家的重大历史任务，是中国特色社会主义进入新时代做好“三农”工作的总抓手。精准扶贫精准脱贫是实现“第一个百年”奋斗目标的“最后一公里”，是检验全面建成小康社会成色的重要标准，必须全力以赴、精准施策，坚决打好这场攻坚战。在未来一个时期，尤其是未来三年，脱贫攻坚与乡村振兴工作必然相互交织、相互促进。

在此背景下，绿色减贫作为一项创新的扶贫方式和理念，紧紧抓住了脱贫攻坚与乡村振兴的契合点和重难点，充分依托贫困地区绿色资源禀赋优势，积极创建人与自然和谐共生的绿色发展格局，为实现乡村“产业兴旺、生态宜居、乡风文明、治理有效、生活富裕”的发展目标提供了有效途径。

一、绿色减贫是实现乡村振兴和脱贫攻坚双重目标的有效途径

我国的农村地区、贫困地区往往是自然资源富集区，又是重要的生态屏障区和生态脆弱区；既是经济发展、生态保护战略区，又是经济社会相对落后和贫困人口聚集区，具有一般性贫困与生态性贫困叠加的特征。综合因素决定了这些地区不能走为快速发展而导致“竭泽而渔”的路子。

党的十九大报告提出“实施乡村振兴战略”，并明确了乡村发展总体

要求。如若不遵循绿色发展，“生态宜居”就难以实现，乡村振兴就成了无源之水、无本之木。实施乡村振兴战略，应当坚持人与自然和谐共生，走乡村绿色发展之路，推动农业农村可持续发展。

绿色减贫基于可持续的发展理念，要求经济发展必须在资源和环境的承载力范围之内，尊重自然发展规律，实现人与自然的良性循环发展。贫困地区可以依托其自然条件优势，转变发展方式，实现绿色资源的产业化、资本化，让青山绿水成为长效脱贫致富的动力源泉。

二、绿色减贫助力乡村振兴的路径建议

到2020年，既要打赢脱贫攻坚战，又要基本形成乡村振兴制度框架和政策体系。面对双重任务，我们需要借助绿色减贫理念，审时度势，找准问题，把握主攻方向，攻克艰难堡垒。

（一）以绿色发展理念为引领，优化乡村产业结构。推进绿色减贫与乡村振兴，首先要转变观念，摒弃“唯GDP论英雄”等增长观念，坚持“绿水青山就是金山银山”的理念。

要着眼长远，将绿色减贫理念贯穿于乡村产业发展的始终，自觉把绿色发展、循环发展、低碳发展、可持续发展作为乡村振兴的基本途径，推动经济生态化、生态经济化，把生态优势转化为产业优势、可持续发展优势，实现百姓富与生态美的统一。

有一点需要特别注意。目前，东部地区的产业结构正在进行较大调整，环保标准更为严格，许多高污染高排放企业在“梯度转移”的口号下，搬到中西部地区。一定要避免这种产业转移带来的污染转移。

中西部的贫困地区在脱贫攻坚过程中，不能简单接受东部地区的产业转移，而应该是资本、技术和人才的整体转移、优化转移。在此过程中，贫困地区需要构建科技含量高、资源消耗低、环境污染少的产业结构和生产方式，大幅提高经济绿色化程度，加快发展绿色产业，加大对落后产能的淘汰力度，严控高污染产业的发展，形成经济社会发展绿色增长点。在贫困地区建立一批有优势、有特色、有市场、有价值的绿色农产品生产基地，使之成为实现贫困地区脱贫致富的重要支柱产业。这既是打好脱贫攻坚战、提升脱贫质量的必然要求，也是实施乡村振兴、保持我国经济持续

健康发展的必然选择。

（二）培育绿色人才体系，为乡村绿色发展提供智力支持。一方面，要完善绿色农业科技创新体系，强化重大技术攻关和转化应用。围绕绿色农产品加工贮藏技术、绿色农业防控技术、绿色农产品新品种推广以及绿色储粮技术研究等，开展绿色农业关键技术联合攻关、集成组装配套、试验示范推广，构建支撑农业绿色发展的科技创新体系。建立以县（市）主导产业为基础，粮经饲协调发展、种养加统筹结合、农村一二三产业融合的绿色农业产业体系。选择有基础、有条件的地区，创建一批农业绿色高效发展样板区和循环低碳农业示范区，推广先进绿色发展模式。

另一方面，要进一步加快构建新型绿色人才体系，按照“爱农业、懂技术、善经营”的要求，围绕绿色农业和优势特色产业发展需要，把节约利用农业资源、保护产地环境、提升生态服务功能作为重点内容纳入培训范畴，培养一批具有绿色发展理念、掌握绿色生产技术技能的农业人才和新型职业农民，为脱贫攻坚和乡村振兴提供持续人才支撑和智力保障。

（三）以绿色考评倒逼绿色减贫。落实绿色减贫理念的关键，是将生态文明建设和生态环境保护纳入地方党政领导干部的考核当中，以此倒逼党委、政府重视绿色减贫在乡村振兴中的重要性。

如何判定乡村发展水平，如何判定贫困地区是否脱贫，单纯地依靠经济发展水平评价已经不能适应新时代乡村发展的需要。需要调整评价体系，构建多维度、全方位的绿色评价体系。

为此，需要积极探索并制定适宜贫困地区、乡村地区的绿色减贫评价体系，形成以经济增长绿色化程度、资源利用与环境保护程度、社会发展能力、扶贫开发与减贫效果等维度为核心的考核指标体系，综合考虑村庄规划、卫生厕所、垃圾处理、污水处理、道路硬化、生态保护、生态修复、生态补偿等要素，以绿色考评倒逼贫困地区脱贫攻坚和乡村振兴的良性发展。

对 2019 年后扶贫脱贫面临新挑战的思考与建议

（2018 年 12 月国内外减贫热点专题评论）

2018 年是我国改革开放 40 周年，也是脱贫攻坚最为关键的一年，从来自全国扶贫工作会议的信息看，2018 年将会完成脱贫人口 1000 万以上，脱贫摘帽县 200 多个，这也就预示着，我国脱贫攻坚就剩下 2019 年和 2020 年两年时间了，而 2019 年及之后的脱贫攻坚将会更加艰巨，对此，需要保持清醒头脑和积极向上的热情，坚决打赢和打好脱贫攻坚战。

一、我国扶贫政策的新进展

2018 年是我国改革开放 40 周年。1978 年以来，中国由一个低收入国家发展成一个中等偏上收入国家，并成为首个实现联合国千年发展目标、使贫困人口比例减半的国家，创造了中国减贫的世界奇迹。

2014 年，全国贫困人口建档立卡，我国正式进入“精准扶贫”新时期。在党中央领导下，政府不断加大扶贫工作投入力度，力求通过精准扶贫战略提高扶贫效率，做到真扶贫、扶真贫。例如，2018 年中央财政补助地方专项扶贫资金达到 1060.95 亿元，并新增 200 亿元资金全部用于支持深度贫困地区脱贫攻坚；自 2015 年以来陆续出台中共中央国务院《关于打赢脱贫攻坚战的决定》、国务院《“十三五”脱贫攻坚规划》以及中共中央国务院《关于打赢脱贫攻坚战三年行动的指导意见》，层层递进，不断完善精准扶贫战略布局体系。

近期，从扶贫项目开展上，中国仍坚持以产业扶贫、易地扶贫搬迁、教育扶贫、生态保护扶贫、兜底保障“五个一批”及健康扶贫等多管齐下的扶贫方式，帮助贫困人口脱贫。从近一两年出台的扶贫政策文件上看，大体可归为以下三类。一是对已有扶贫攻坚战略的细化补充，例如《贫困残疾人脱贫攻坚行动计划（2016—2020年）》《关于支持深度贫困地区脱贫攻坚的实施意见》《深度贫困地区教育脱贫攻坚实施方案（2018—2020年）》，进一步提升对贫困残疾人、深度贫困地区人群，以及深度贫困地区教育质量改善的重视程度。二是体现政府、智库等实践探索的扶贫新思路。例如，《关于切实做好社会保险社会扶贫工作的意见》强调了保险在防范返贫方面的作用；《生态扶贫工作方案》提出了坚持脱贫攻坚与生态文明建设“双赢”的思路；《关于推进网络扶贫的实施方案（2018—2020年）》将缩小“数字鸿沟”，让更多建档立卡贫困人口有机会通过农村电商、远程教育、远程医疗等方式享受优质公共服务作为扶贫新模式。三是不断修正和完善已实施扶贫政策。例如，针对支农资金在支持农户资产收益中出现的问题，财政部、原农业部和国务院扶贫办及时下发《关于做好财政支农资金支持资产收益扶贫工作的通知》。近两年政府继续坚持精准扶贫战略，在扶贫攻坚战中不断总结经验，吸取教训，砥砺前行。

在党中央政策的指导下，经过广大扶贫干部和社会力量的努力，依靠社会与群众参与，截至2017年底，我国农村贫困发生率下降至3.1%，贫困县数量实现首次减少，创造了中国扶贫历史上的最好成绩。预计到2018年底，还将有1000万贫困人口脱贫。

二、新时代扶贫工作存在主要问题和面临的挑战

（一）要做好长期攻坚深度贫困的准备。“脱贫攻坚本来就是一场硬仗，而深度贫困地区脱贫攻坚是这场硬仗中的硬仗。”理由在于深度贫困地区的贫困程度更深、构成人员更为特殊（少数民族占将近八成）、区域基础条件更差，以及贫困成因复杂且难攻克（主要表现为疾病、残疾、老龄化、抗风险能力低差）。这就意味着要做好长期攻克深度贫困问题的准备，同时要反复论证深度贫困地区的扶贫方案。

（二）尚缺乏对基础性扶贫工作后续保障问题的思考和全面性准备。在各地调研过程中，我们发现一个普遍的共性是，由于扶贫项目的实施期

截止至2020年，除部分地区考虑了“后三年”的后续保障问题（如河北省）外，但多数省份受到财政资金、日常工作重点调整等约束，无力充分保障2020年后对贫困地区和贫困人群的可持续性支持。考虑到贫困问题具有长期存在和不可避免的共性，贫困户实现能力脱贫需要一定时间（一代甚至几代人的勤奋努力和思想转变）；结合对解决深度贫困问题的思考，更要出台持续性扶贫政策。因此，需要重视并思考基础性扶贫工作的后续保障问题。

（三）非贫困村、非贫困县脱贫任务十分艰巨。现阶段日益凸显的一个矛盾是国家对支持贫困县与非贫困县、贫困村与非贫困村的资金投入力度以及帮扶力度的差距，导致部分非贫困县和非贫困村，落后于近几年受扶贫政策支持的贫困县和贫困村的发展程度。例如，河北张家口就提出了非贫困村的问题，其脱贫攻坚工作情况汇报中指出：“截止到2017年底，全市非贫困村贫困人口占贫困人口总数57%，非贫困村贫困发生率大于30%的占5.3%。但由于地方政府帮扶力度有限，主要帮扶力量仍集中在贫困村，加之政策上仍主要要求扶贫资金投向贫困村，非贫困村的脱贫任务十分艰巨。”故此，在乡村振兴背景下，亟待缩小贫困村与非贫困村、贫困县与非贫困县的发展差距。

（四）脆弱群体政策支持力度还须持续加强。当前的扶贫救助对象主要是收入在贫困线以下的建档立卡户。在各种扶贫政策的作用下，他们的贫困状况得到了缓解或者摆脱了贫困。然而，还有一大批农村人口的收入只是略高出扶贫标准，具有陷入贫困的极大风险。他们属于脆弱群体，是一群易随时受到冲击而陷入贫困的群体。但由于他们不是建档立卡户，完全无法享受到各类扶贫政策。如果将他们与建档立卡户进行比较可以发现，在生活状况与陷入贫困的概率上，两个群体之间并没有显著差异；而在享受的公共政策方面，却有着巨大的差异。这种差异会激发脆弱群体的不公平感，引发社会矛盾。因此，逐渐将扶贫政策辐射到边缘低收入人口之中应成为下一步工作的思考方向。

三、对未来两年及2020年后全面消除极端贫困的一些建议

笔者认为在决胜脱贫攻坚战中，可进一步从如下三方面发力：一是集

中优势兵力长期攻坚深度贫困难题；二是巩固现有扶贫成果，防范返贫；三是提升贫困人口脱贫致富能力，实现长期稳定性脱贫发展格局。具体来讲：

（一）集中优势兵力长期攻坚深度贫困问题。解决深度贫困问题，要做好长期攻坚准备。可以采取三步走的战略：第一步，稳扎稳打实现“两不愁、三保障”，做好饮水安全、控辍保学、健康扶贫、住房安全方面的工作；同时扎实推进易地扶贫搬迁，引导贫困群众逐步接受现代文明。第二步，强化后续帮扶、扎实教育等有利于提升深度贫困人群代际发展的基础性工作。第三步，选择性借鉴扶贫成功经验，一步到位缩小深度贫困地区与一般地区的发展差距。例如，以市场需求为导向，因地制宜走特色优质高效发展路子；挖掘深度贫困地区的绿色发展模式，融合生态、旅游、文化和民俗综合性发展；激发贫困群众内生动力和参与感，等等。

（二）重视返贫问题，探索出台防范返贫的应对措施和政策。为巩固扶贫成效，返贫问题将成为脱贫攻坚决胜期最需要考虑的问题之一。在研究上，在了解返贫人口规模的基础上，了解其结构性特征、区域分布特征等；更重要的是研究他们再次陷入贫困的诱因。在对策上，要对这部分特殊群体实行特殊的政策，并由此及彼地出台防范返贫的应对措施，这些措施既要有助于提高脱贫群体的发展动力和发展能力，也要建立防范返贫机制，如“防贫保险”等。

（三）赋予贫困户持续性“两不愁、三保障”的基础性扶贫救助保障。经过几年的实践，我们能够明显看到通过地方公共服务建设和服务供给质量的提升，对农村贫困人口承诺的“两不愁、三保障”得到了很好落实。在未来阶段，需要进一步扩大贫困地区的公共服务保障面，并逐步提升保障质量。这是因为一些“保障”内容（如教育、医疗）具有动态性，与政府持续的财力支持和发展思路具有相关性。要坚决防范脱贫攻坚期结束后，地方政府为了追求经济发展而改变财政支出方向，减少对基础教育、医疗服务，乃至社会救济的支持力度，从而导致脆弱性农户的返贫和致贫。

（四）要研究解决脆弱群体缺乏政策支持的问题，逐渐将扶贫政策辐射到对边缘低收入人口之中。2020 年后，要重新思考建档立卡群体“脱贫不脱政策”的可行性和公平性。一方面，需要考虑适当降低对建档立卡户无条件给予政策支持的力度，避免滋生“争当贫困户”的逆向激励，另一方面，需要针对脆弱人群出台一些防范其陷入贫困的政策措施。

（五）思考建成小康社会的高质量和社会包容性发展问题。尽管我国人类发展指数的世界排名在不断进步，体现出国家综合发展实力的提高，但是人类发展水平仍处于偏后的水平。在未来很长一段时期内，消除绝对贫困，缓解相对贫困仍是中国经济和社会发展中面对的主要挑战。为了应对这一挑战，中国在全面建成小康社会后仍要坚持包容性发展的战略，让低收入人群共享经济社会发展的成果，实现经济发展与健康、教育、生态等方面发展的同步性，实现全社会共同富裕的理想。

第二部分　2017—2018 年
中国减贫政策
与实践报刊选载

践行习近平绿色减贫思想，创新精准脱贫新模式

（2017 年 10 月《人民论坛》张琦）

精准扶贫是习近平新时代扶贫思想的核心要义，是指导我国扶贫开发的基本方略。而绿色减贫思想，则是精准扶贫的重要内容，更是实现习近平精准扶贫、精准脱贫核心要义的最有效方式。可以说，绿色减贫是习近平新时代扶贫开发战略思想体系的重要组成部分，不仅对指导我国当前和未来打赢脱贫攻坚战、实现 2020 年全面建成小康社会的第一个中华民族百年目标，具有重要的理论价值和实践指导意义，而且对我国实现第一个百年梦想和 2030 年可持续发展议程目标也同样具有长远的战略性指导价值。

绿色发展理念是绿色减贫思想的方向指引。正像习近平总书记指出的“要正确治理好经济发展同生态环境保护的关系，牢固树立保护生态环境就是保护生产力，改善生态环境就是发展生产力的理念”“要把生态环境保护放在突出位置，像保护眼睛一样保护生态环境，像对待生命一样对待生态环境”，可以看出，绿色发展理念和思想是习近平治国理政的重要内容之一，也是扶贫脱贫的重要遵循和方向指引。学习习近平绿色发展理念和绿色减贫思想，就是要秉承绿色发展理念，走绿色减贫精准脱贫之路，这是贫困地区发展的必然要求，是实现可持续发展的必然要求，是丰富发展既有中国特色扶贫开发道路的必然要求。绿色减贫，是精准脱贫基本方略的内在要求，是贫困地区开展脱贫攻坚贯彻绿色发展理念的重要体现。

“两山理论”是习近平绿色减贫的理论基础和政策制度遵循。习近平总书记指出“我们既要绿水青山，也要金山银山，宁要绿水青山，不要金

山银山，绿水青山就是金山银山”。笔者认为这是习近平绿色减贫思想的重要理论基础，更是扶贫脱贫的政策和制度制定的重要遵循。认真学习深刻领会其内涵包含三层：其一，绿色发展与减贫相融合，即绿色减贫的两条底线“坚守论”。其二，就是“宁要绿水青山，不要金山银山”的绿色减贫基础论。其三，就是“绿水青山就是金山银山”的绿色减贫目标论，从而形成了绿色减贫三个层次梯度递进的绿色减贫理论新体系和新框架。

绿色减贫是推进精准扶贫方略的最有效方式。精准扶贫是新时期脱贫攻坚的基本方略，是提高扶贫资源有效配置的有力措施，是习近平新时代扶贫思想核心要义。绿色减贫是通过与自然生态环境体系和自然生产力紧密相融，将自然资源、经济资源和社会资源寓于绿色发展体系循环之中，并以此提升资源配置效率，进而获得经济效益、社会效益和生态效益的全面提升，达到改善和提高贫困家庭收入生活水平，摆脱贫困。绿色减贫是精准扶贫最有效的实现方式，绿色减贫有利于提高精准扶贫的科学性和完整性，有利于精准脱贫的有序性和持久性效果实现，有利于实现精准扶贫精准脱贫与区域经济发展的有机结合，有利于精准扶贫精准脱贫的新目标的转换和提升。可以说，绿色减贫是最有生命力的精准扶贫和最具可持续性的精准扶贫。

践行习近平绿色减贫思想，创新精准脱贫新模式的重点和关键是：第一，以精准扶贫为核心，逐步将绿色减贫纳入贫困县考核监测评估制度中，可选择开展绿色减贫评价试点试验。第二，积极探索绿色减贫产业化和产业扶贫绿色化的新路径新方法新措施。目的就是提升绿色发展绿色产业的减贫效率，在减贫中提升绿色化程度。第三，积极探索并开展贫困地区绿色生态资产资本化的制度试点尤其是在绿色资源资产核算评价、补偿、交易、质押及生态金融等方面创新探索。第四，积极探索创新并实施绿色减贫的财政、奖励和补偿新政策的试点推广。第五，在贫困地区将绿色减贫与乡村振兴相结合。

4 年减贫 5564 万人，是怎样做到的？

（2017 年 10 月 9 日《中国网》张琦、张涛、孔梅）

党的十八大以来，我国扶贫开发进入到了历史性新阶段，不仅体现在扶贫开发历史性地位变化和目标任务上的紧迫性和艰巨性，更体现在中国扶贫开发政策方略路径发生了新变化。

更可贵的是扶贫治理结构和体系出现了新变化，创新型模式与方法提升了扶贫脱贫的效果，是中国扶贫开发新的历史条件下的又一新贡献。4 年减贫 5564 万人，中国共产党是怎样做到的？

顶层设计——实施精准扶贫方略，扶贫定位史上最高

改革开放 30 多年来，中国扶贫开发成就举世瞩目，其重要的基本经验之一就是根据普遍贫困、区域贫困、基本解决贫困问题等多个贫困形态变化调整贫困瞄准策略，不断提高扶贫开发效果，不断实现不同阶段的脱贫目标。

与以前的扶贫开发相比，十八大以来的扶贫开发最突出特点是定位的提升，这表现在扶贫开发的战略定位高、统筹全局定位高、工作部署规格高、政策设计层次高，政策核心和重点就是习近平总书记首次提出的精准扶贫精准脱贫方略。

2013 年以来，我国扶贫开发最大的功效就是，构建和完成了新时期扶贫开发战略的顶层设计框架，建立了脱贫攻坚责任体系、政策体系、投入体系、动员体系、监督体系和考核评估体系。

习近平总书记 2015 年 6 月在贵州召开部分省区市党委主要负责同志座谈会上首次提出“六个精准”，并在 2015 年 10 月的减贫与发展高级论坛

上提出精准扶贫方略。坚持中国制度的优势，构建省市县乡村五级一起抓扶贫，层层落实责任制的治理格局。

落实“六个精准”：即扶持对象精准、项目安排精准、资金使用精准、措施到户精准、因村派人精准、脱贫成效精准。坚持分类施策，因人因地施策，因贫困原因施策，因贫困类型施策，通过扶持生产和就业发展一批，通过易地搬迁安置一批，通过生态保护脱贫一批，通过教育扶贫脱贫一批，通过低保政策兜底一批。

主要成就——4 年减少 5564 万贫困人口

精准扶贫、精准脱贫方略的布局和指引推动了十八大以来我国脱贫攻坚的实践创新，取得了显著成效。数据显示，2012 年以来，全国农村贫困人口数量由 2012 年的 9899 万人减少至 2016 年的 4335 万人，累计减少 5564 万人，平均每年减少 1391 万人，为 2012 年总贫困人口数量的 14.1%；全国农村贫困发生率由 2012 年的 10.2% 下降至 2016 年的 4.5%，下降 5.7 个百分点，年均下降 1.4 个百分点。到 2016 年，全国减贫幅度较 2012 年减少超过一半，东、中、西地区减贫幅度均超过 50%。

2016 年，贫困地区农村居民人均可支配收入增长到 8452 元，是 2012 年的 1.6 倍。2016 年，贫困地区通电话的自然村比重为 98.2%，比 2012 年提高 4.9 个百分点；通有线电视的自然村比重为 81.3%，比 2012 年提高了 12.3 个百分点；通宽带的自然村比重为 63.4%，比 2012 年提高 25.1 个百分点，贫困地区接近三分之一的自然村实现了宽带入村；有 77.9% 的自然村实现了主干道路面的硬化，比 2013 年提高了 18 个百分点；通客运班车的自然村比重达到 49.9%，比 2013 年提高了 11.1 个百分点，接近一半的自然村实现了客运班车通车，极大地方便了贫困地区居民的出行。

2016 年，贫困地区中 16 岁以上成员均未完成初中教育的农户比重由 2012 年的 18.2% 下降至 16.0%，未完成初中教育的农户越来越少；贫困地区所在自然村上幼儿园便利的农户比重达到 79.7%，提高了 12.1 个百分点；贫困地区所在自然村上小学便利的农户比重达到 84.9%，提高了 6.9 个百分点；有文化活动室的行政村比重为 86.5%，比 2012 年提高了 12 个百分点。

2016 年，拥有合法行医证医生/卫生员的行政村比重为 90.4%，比 2012 年提高了 7 个百分点；所在自然村有卫生站的农户比重为 91.4%，比 2013 年提高了 7 个百分点；拥有畜禽集中饲养区的行政村比重为 28.0%，比 2012 年提高了 12 个百分点；饮水经过集中净化处理的自然村比重为 44.7%，比 2013 年提高了 7 个百分点；所在自然村垃圾能集中处理的农户比重 50.9%，比 2013 年提高了 21 个百分点，一半以上的自然村实现了垃圾集中处理。

按照现行农村贫困标准测算，从 1978 年到 2016 年，全国农村贫困人口减少 7.3 亿人，贫困发生率从 1978 年的 97.5% 下降至 2016 年的 4.5%。按照每人每天 1.9 美元的国际极端贫困标准，根据世界银行发布的最新数据，1981 年至 2013 年中国贫困人口减少了 8.5 亿，占全球减贫总规模的 69.3%。

我国农村贫困人口持续大规模减少，贫困地区农村居民收入快速增长，增速持续高于全国，贫困地区基础设施条件得到极大改善，贫困地区教育文化水平明显提升，贫困地区的农村医疗卫生条件不断提高，各级党政机关、军队和武警部队、国有企事业单位等率先开展定点扶贫，引领和推进社会扶贫进程；东西扶贫协作不断推进，加快西部贫困地区的脱贫减贫；各类市场主体、社会组织和社会各界积极参与，多种形式推进扶贫开发；组织动员机制不断完善，社会扶贫主体日益多元化。

“人人皆愿为、人人皆可为、人人皆能为”的社会扶贫局面逐渐形成。

主要做法——十八大以来探索出多种扶贫脱贫新模式

像开发式扶贫经验一样，十八大以来，各地在扶贫脱贫的实践中，探索了很多创新性模式，这也是一种重要成果。

这其中有贵州威宁推出的精准扶贫“四看法”（包括“一看房”“二看粮”“三看劳动能力强不强”“四看家中有没有读书郎”）。让精准扶贫精准脱贫的对象更精准……还有多样化的产业扶贫模式新探索，即通过扶持产业和就业转移脱贫一批是精准扶贫精准脱贫的主要路径，承担着 3000 万脱贫的任务。

国家和地方政府及贫困地区在产业扶贫方面，通过龙头企业带动型、专业合作社带动型、大户带动型、非农就业型等多种模式，以特色产业选择精准、经营方式精准、支持方式精准和贫困人口受益精准为原则，大力推进“一村一品”“一乡一业”，宜农则农、宜菜则菜、宜果则果、宜草则草、宜牧则牧、宜林则林，注重从产业项目、支撑体系、融资方式三方面确定支持方式，实现扶贫对象聚力到户、增收时效有序到户、扶贫资金挂钩到户、考评验收明确到户。

另外，积极摸索资产收益型扶贫新模式。以扶贫攻坚规划和重大扶贫项目为平台，整合扶贫资金等各类扶贫资源，用整合起来的部分扶贫资金作为资本金，设立国有农业投资公司，农投公司的规模要与产业扶贫项目和贫困人口的规模相匹配。该模式能充分发挥财政扶贫资金杠杆作用，吸引更多资金投入到扶贫脱困之中。能获取长期稳定的扶贫资金来源，降低了财政扶贫资金的风险。能够吸引更多的产业资本投资扶贫项目，解决了部分贫困人口的就业问题，真正实现了精准扶贫。

绿色减贫是十八大以来我国扶贫脱贫又一重大创新。我国通过易地搬迁扶贫、光伏扶贫、旅游扶贫、“互联网+扶贫”实现绿色减贫。

另外，社会保障尤其是最低生活保障制度与扶贫开发的有效衔接，是我国脱贫攻坚的兜底政策，十八大以来，又进行模式创新。2016 年，民政部等 6 部门联合发布了《关于做好农村最低生活保障制度与扶贫开发政策有效衔接的指导意见》，提出在政策、对象、标准、管理四个方面加强衔接，通过农村低保制度和扶贫开发政策的有效衔接，形成政策合力，对符合低保标准的农村贫困人口实行政策性保障兜底，确保到 2020 年现行扶贫标准下农村贫困人口全部脱贫。

我国还通过教育扶贫、卫生扶贫、社会保障扶贫等方面实现社会扶贫实践创新。另外，在考核机制方面也有创新。国家出台了一系列政策，改变了考核机制、方法标准，强化了责任和问责制度。建立多元考核主体，多方参与、加大力度；完善考核内容，凸显扶贫、优化指标；优化精简考核指标，全面反映扶贫脱贫工作；引入第三方评估，提升独立性和社会公认度。

（作者张琦系北京师范大学中国扶贫研究院院长，张涛、孔梅系北京师范大学中国扶贫研究院博士）

精准扶贫思想统领脱贫攻坚砥砺前行

（2017 年 11 月《中国网》张琦、万君）

2013 年 11 月 3 日至 5 日，习近平总书记在湖南湘西考察十八洞村时，首次提出“精准扶贫”的重要思想。此后，习近平总书记在一系列的讲话、考察中从不同角度阐述了精准扶贫思想，精准扶贫思想不断完善，成为我国脱贫攻坚的基本方略。

四年来，精准扶贫思想已经成为习近平扶贫思想的核心基石，指导脱贫攻坚工作取得重大成就，也是习近平新时代中国特色社会主义思想指导下，我国解决发展不平衡不充分问题的重要理论渊源之一。大力实施精准扶贫，不断丰富和拓展中国特色扶贫开发道路，是习近平扶贫思想的精髓。扶贫开发贵在精准，重在精准，成败之举在于精准，而要做到精准扶贫，其核心要义就在于“六个精准”，即扶持对象要精准、项目安排要精准、资金使用要精准、措施到位要精准、因村派人要精准、脱贫成效要精准。坚持以“六个精准”统领贫困地区脱贫攻坚工作，精确瞄准、因地制宜、分类施策，变“大水漫灌”为“精准滴灌”，做到真扶贫、扶真贫、真脱贫。

精准扶贫思想作为习近平扶贫思想精髓，贯穿于习近平扶贫思想的始终。习近平扶贫思想的主旨在解决“扶持谁”“谁来扶”“怎么扶”“如何退”四个主要问题，解决困扰我国扶贫开发实践长期以来想解决而没解决的问题。习近平扶贫开发思想重在解决贫困问题的复杂化和艰巨性，精准扶贫思想注重扶贫的综合性与精准度相结合，制定综合性扶贫脱贫思路，实施精准扶贫和实现精准脱贫，凸显了习近平扶贫思想的科学性。

大量实践证明，精准扶贫思想指导脱贫攻坚实践取得了巨大成就，贫困地区面貌焕然一新。数据显示，2013 年—2016 年四年来，我国现行标准下的农村贫困人口由 9899 万人减少至 4335 万人，累计减少 5564 万人，平均每年减少 1391 万人。2016 年，我国贫困地区农村居民人均可支配收入增长到 8452 元，扣除价格因素，实际水平是 2012 年的 1. 5 倍。贫困地区水电路气房讯等基础设施条件得到极大改善。贫困地区教育文化水平明显提升，就近上幼儿园、小学的人数比重大幅提升，未完成初中教育的农户越来越少。农村医疗卫生条件不断提高，有合法行医证医生/卫生员的行政村比重、所在自然村有卫生站的农户比重均超过 90%，一半以上的自然村实现了垃圾集中处理。2017 年 11 月 1 日国务院扶贫办举行了 28 个贫困县脱贫摘帽新闻发布会，到 2016 年，全国共有 28 个贫困县脱贫摘帽，这是 1986 年国家设定贫困县 31 年来，历史上第一次实现贫困县数量净减少。

精准扶贫思想推动贫困治理体系日臻完善，不断丰富中国特色社会主义治国理政新实践。在精准扶贫思想的指导、推动下，脱贫攻坚顶层设计即政策体系、工作体系、责任体系、考核评估体系等已建立并不断完善。围绕精准扶贫的推进，中办、国办出台 11 个《决定》配套文件。2016 年 12 月，国务院印发《“十三五”脱贫攻坚规划》。自实施精准扶贫以来，中央和国家机关各部门共出台 100 多个政策文件或实施方案，各地方相继出台和完善“1 + N”的脱贫攻坚系列文件，贫困治理体系不断完善，贫困治理技术也日趋进步，不断丰富中国特色社会主义治国理政新实践。

精准扶贫思想指导下形成的减贫新模式，为国际减贫贡献了中国智慧。精准扶贫以来，各地围绕“五个一批”开展了广泛实践，探索形成了一系列可复制、可推广的减贫模式，为国际减贫理论和实践提供了中国经验。尤其是近几年围绕习近平总书记“绿水青山就是金山银山”理论形成的一系列绿色减贫模式，为解决贫困地区的绿色发展和可持续发展问题做出了巨大的贡献。贫困地区的特色产业扶贫、资产收益扶贫模式、光伏扶贫、旅游扶贫、互联网 + 扶贫等绿色减贫模式，探索了唤醒贫困地区绿色资源的新道路，对全世界的减贫贡献了中国智慧。

伴随精准扶贫思想指引 2020 年如期完成全面脱贫的目标，新时代解决我国社会主要矛盾转化为人民日益增长的美好生活需要和不平衡不充分的发展之间的矛盾的新任务，精准扶贫思想不断丰富和发展，但毋容置疑，精准扶贫仍将成为解决中国贫困地区与发达地区的平衡发展、充分发展的新遵循，指导我国理论工作者和实践工作者去积极探索和创新。与此同时，精准扶贫还将成为中国推动实现2030年可持续发展目标议程和面临引领构建人类命运共同体的新任务和新期待。精准扶贫不仅是中国扶贫理论体系成果和智慧结晶，更是世界扶贫脱贫新成果与智慧的新体现，历史已经将中国扶贫脱贫与世界扶贫脱贫相联结，新期待已经将精准扶贫理论和智慧结晶列入了世界扶贫脱贫的理论宝库，新期待预示着新责任和新担当，预示精准扶贫理论和实践创新任重道远。

绿色减贫：扶贫工作新路向

（2017 年 12 月《中国社会科学网》张琦、万君）

我国贫困发生状况的一个典型特征在于贫困地区与生态脆弱地区在地理空间分布上具有高度耦合。由于贫困与生态的交织作用，我们在今后的扶贫工作中，应进一步重视绿色减贫。

绿色减贫，即通过产业绿色化和绿色产业化，促进贫困地区发展、实现贫困人口脱贫的减贫手段。习近平总书记指出："绿水青山就是金山银山。"这为绿色减贫提供了理论指南与根本遵循。环保部《全国生态脆弱区保护规划纲要》指出，我国 592 个贫困县中，80% 以上地处生态脆弱区；绝对贫困人口中，95% 以上分布在生态环境极度脆弱的老少边穷地区。

由于贫困与生态的这种交织作用，我们在今后的扶贫工作中，应进一步重视绿色减贫。总体来看，绿色减贫有着以下几种优势：

绿色减贫能够盘活贫困地区的绿色资源，提升贫困地区可持续发展能力。一些贫困地区拥有较为丰富的绿色资源，有的是自然资源即所谓"绿水青山"，有的是非物质文化遗产。随着科技的进步，一些贫困地区富集但未曾利用过的资源价值不断凸显，贫困地区已经有利用丰富的绿色资源实现产业升级实现弯道超车的可能。旅游扶贫、观光农业等新型业态的出现，盘活了贫困地区的绿色资源，提升了贫困地区的发展能力。此外，随着科技的进步，近几年兴起的大数据技术，很多企业将数据中心建立在贫困省份贵州，其依托的不是诸如低廉的劳动力、财税优惠、土地优惠等以往贫困地区吸引投资的传统因素，而是因为贵州的地质结构稳定、森林覆盖率高、气候凉爽、电力充沛等绿色资源。又如，光伏发电技术也使大量的贫困地区由于空气洁净度高、日照时间长等优势形成了一定的规模产业。此外，由于传统工业地区环境的恶化，贫困地区形成了环境资源意义上的“洼地”，就有相当的优势。这些绿色资源，通过产业化逐渐积淀、形成了大量的绿色资本，对贫困地区区域经济的可持续发展具有持久的推动作用。

绿色减贫的实践表明，绿色产业化推动的三产融合能够提升贫困地区发展质量。过去，贫困地区的规模产业，要么是资源型产业，要么是承接发达地区产业转移，很多产业对于贫困地区的生态环境并不友好，贫困地区的规模产业往往陷入“有增长无发展”的恶性循环，三产的融合程度比较低、产业结构不甚合理，贫困地区经济发展的质量也比较低。就绿色减贫目前的实践情况和未来发展的可能方向来看，绿色减贫能够较大地促进三产融合，能一定程度上提升贫困地区的发展质量。如前所述，目前贫困地区已经探索了一些可行的产业融合方式，绿色减贫与传统扶贫方式最大的差别就在于能够促进三产融合，在注重贫困地区生态环境保护的同时，增加贫困人口收入，提升贫困地区发展质量，并且能够吸引部分劳动力回流，解决村庄衰败等问题。

通过参与绿色减贫过程，贫困人口内生动力能够得到一定程度提升。贫困人口内生动力不足的现象在贫困地区广泛存在，除了少部分是受益于“制度养懒汉”而主观上缺乏脱贫意愿之外，大部分是受制于条件，或者缺乏生产要素或者缺乏生产手段和经营手段，不能通过参与脱贫攻坚进程而实现内生动力和人力资本的提升，只能被动接受帮扶。绿色减贫核心在于立足贫困地区绿色资源，培植和扶持特色经济和支柱产业。绿色减贫产业相对门槛较低，以基于种养殖业的农业融合产业、资产收益等模式为主，贫困人口能够直接参与到产业发展的过程，有的贫困人口直接负责经营具体的产业项目，在生产和经营过程中，贫困人口的人力资本水平能够得到提升，也能通过扩大参与、典型示范等手段激发贫困人口的内生动力。近几年庭院经济、林下经济、旅游扶贫、农家乐、电商扶贫等绿色减贫手段，都有此方面的特征，贫困人口参与程度深，与市场、外界的接触和交流比较密切，对新的经济业态、新的生产和经营技术了解和掌握也非常深入，不仅收入提升较快，人力资本水平提升也较高。

利益联结机制创新能够改善贫困地区的治理结构，提升贫困治理水平。绿色减贫机制与传统扶贫产业区一个最大的区别在于，绿色减贫产业下的贫困人口有了与其他市场主体的议价能力。绿色减贫的基础是贫困地区和贫困人口的绿色资源。近些年，随着国家在农村推动诸如土地确权、林地确权等各项产权制度改革，绿色资源的产权归属愈发清晰，贫困人口与工商业资本的议价能力逐步增强，因此也出现了集体资源、农户资源多种多样的折股量化方式。在此基础上，绿色减贫产业的利益联结机制创新也很多，直接对贫困地区的治理结构转型有了很大的推动。农户、合作社、龙头企业、工商业资本之间通过订单农业、股份合作等利益联结机制，逐渐形成了较为稳定的治理结构，各类主体的社会责任也在这种治理结构中凸显，贫困地区的治理水平和贫困治理能力也能够实现较为明显的增长。

在坚持大扶贫格局、打赢脱贫攻坚战的关键时期，绿色扶贫对我国的扶贫工作具有特殊重要的意义。为推动绿色扶贫的深入发展，笔者认为，今后应从如下几个方面重点发力：

国家的绿色减贫策略应实现转型，减贫技术应从“帮扶导向”到“改革导向”，通过深化农村、农业相关体制机制改革推动贫困地区发展。自1986年扶贫开发以来，我国对于贫困地区、贫困人口一直是帮扶优先，通过送资金送项目以期推动贫困地区发展。这种“帮扶导向”的扶贫技术，其效率一直遭人诟病。事实上，通过对绿色减贫产业业态和联结机制的考察，笔者发现，绿色减贫技术上的基石恰恰在于近几年土地、林地的所有权制度改革，让一些新兴的绿色减贫产业才有了发展的可能，贫困人口也才有了议价权力和分享收益的权利。因此，如果国家在未来注重减贫质量，注重贫困地区可持续发展，应该将减贫的策略从“帮扶导向”转变至“改革导向”，通过体制机制改革，激发沉淀在农村的各类资源和贫困人口的内生动力。

绿色减贫产业需要根据社会发展变化不断选择新的经济业态，提升产业融合水平。可以看到，绿色减贫的基础是农业产业融合，产业融合的驱动多来自于社会发展变化的驱动。新的产业业态、更深入的产业融合水平，才有可能让贫困人口在二、三产业中获得相应的利润，工商业资本、企业、大户等多元主体才有可能和贫困人口形成不同的利益共同体。因此，绿色减贫产业的发展需要不断提升产业融合产业水平，立足农村与农业，但不局限于农村与农业，既是农业与其他产业之间融合、也是城市与农村之间各类生产要素的融合。这也是绿色扶贫产业与其他扶贫模式、传统乡镇企业的不同之处。

部分绿色减贫产业的益贫性需要更进一步的提升，绿色资源的收益率需要进一步放大。绿色资源资本化和资产化的过程在技术上是通过“折股量化”的形式来解决的，贫困地区和贫困人口通过绿色资源的股份来分享各类收益。但在实践中，“量化入股”的形式有异化的趋势，部分绿色资源实现“量化”后，名义上是入股，实际上是“放贷”，只能享受到微薄的“利息”或者“股息”，而这部分甚至低于国家在相关优惠政策上的转移支付。国家对于某些产业的支持和帮扶，并未全部到贫困人口，而被相关企业部分截留。在这个意义上，部分产业的益贫性是比较低的，绿色资源的收益也是比较低的。

绿色减贫相关产业的选择需要智力支持。绿色减贫是通过绿色产业化和产业绿色化来实现的，产业选择是绿色减贫实施推进中的重点环节。从我国扶贫开发的实际来看，产业选择一直是我国扶贫治理技术的短板之一，“粮丰价跌，谷贱伤农”的现象时有发生。随着高新技术和新兴业态的出现，因地制宜、统筹考虑贫困地区的资源禀赋、社会状况、经济环境、思想观念、比较优势，选择适合当地的产业愈发困难。尤其是在大数据和互联网技术的推动下，各类产业生产与销售更需要精细化的核算，这需要一定的科学决策水平。贫困地区地方政府应该立足目前产业转型和产业融合的实际，建立绿色减贫产业科学决策的相关机制。

中国，世界减贫合作的引领示范者

（2018 年 1 月 9 日《人民日报》张琦）

减贫是联合国 2030 年可持续发展议程优先关注的首要任务。但与以前有所不同，在实现和完成联合国千年发展目标后，世界减贫合作与发展将会跨入新的历史阶段，一个明显变化就是中国不仅成为全球最早实现千年减贫发展目标的发展中国家，也是制定和推动联合国 2030 年可持续发展目标、坚持减贫和共享发展、构建人类命运共同体的主要推动者和倡导者，也必将成为新时期世界减贫合作与共享发展跨入新阶段的引领示范者，为什么呢?

关键还是新时期中国减贫理论和实践探索的新模式、新经验为国际减贫合作提供了更多的合作机遇条件和共享发展的友好意愿。

第一，精准扶贫新探索，成为新时期中国减贫理论和实践新经验，也成为国际减贫合作与共享发展的重要契合点。在成功探索和实施了改革开放后的开发式扶贫、社会扶贫和片区推进扶贫等成功经验模式之后，从 2013 年开始，中国实施的精准扶贫精准脱贫，无论从顶层设计、政策体系还是实施过程中的精准识别、精准帮扶、精准项目、精准资金和最后精准脱贫，建立起来了一套完整的政策、制度和保障体系，创造了新的减贫经验。

第二，绿色减贫是中国扶贫开发实践中又一项新理念和新经验，并将成为未来国际减贫合作与共享发展的重要内容。中国绿色减贫已经从单纯的绿色减贫理念，上升到了绿色减贫的政策层面和制度层面，进而又推进到了多项绿色减贫创新实践。实践证明，绿色减贫是中国开发式扶贫的深化和提升，是一种可持续、低碳扶贫方式，是推进精准扶贫精准脱贫最有效方式。“一带一路”倡议也成为中国开展绿色减贫国际合作与共享发展的重要示范带，也预示着绿色减贫将在世界范围内有了新前景和新期许。

第三，政府、市场和社会协同推进的大扶贫创新模式，也是新时期中国减贫的新经验，完全可以成为国际减贫合作和共享发展的重要内容之一。中国社会化扶贫的重要基础就是，2013 年以来国家实施了补短板的扶贫优先和倾斜性政策，并建立了减贫是全社会共同责任理念，减贫成为第一民生工程，甚至成为统领贫困地区发展第一要务，从而动员了全社会资源力量投入到脱贫攻坚战中，提升了减贫的效率。

各种形式的减贫新方法、新方式、新业态和扶贫新品种推出，是新时期中国扶贫脱贫的重要经验。这不仅将成为推进国际减贫合作和共享发展的重要经验，也为推进中国扶贫经验推广发挥了积极作用。未来学习和共享各国减贫经验，推动世界减贫合作与共享发展跨入新阶段，将成为世界减贫合作与发展的新潮流。伴随“一带一路”倡议认可度提升和建设快速推进，加强减贫合作交流和共享发展的平台、机遇将会不断增多。很多国际上的减贫经验如泰国“乡村发展计划、小农发展规划和乡村就业工程”，巴西的“家庭补助金计划”，法国就业团结收入等都值得学习和借鉴。

中国作为减贫成效最显著、探索创新经验比较突出的大国，在未来的国家减贫合作中，必将在共享发展中不断取得新成果，为国际减贫和人类命运共同体的文明进步作出新贡献。

探索完善绿色减贫的对策机制

（2018年1月11日《经济日报》张琦）

伴随我国经济由高速增长阶段转向高质量发展阶段，脱贫攻坚也同样转入质量提升的新阶段。积极探索绿色减贫新路径，是增强扶贫脱贫可持续性功能、提升扶贫脱贫质量的必然选择。

一是应积极探索绿色减贫财政奖励政策试点

贫困地区往往是生态功能区，大多属于限制开发区和禁止开发区，从而约束和限制了贫困地区扶贫脱贫方式的路径和效果。与此同时，这些地区往往又是空气、水和绿色资源环境较好的地区。绿色发展生态宜居是社会发展进步到一定阶段后的必然选择。因此，构建起绿色减贫的财政奖励制度是大势所趋，积极开展和创新绿色减贫财政奖励政策的新试点，很有必要。一种方法是确定对国家考核的化学需氧量、氨氮、二氧化硫、氮氧化物4种主要污染物，制定收费标准。例如，按每吨3000元标准收取，然后将此项收入主要用于对环境较好贫困地区的奖励。另一种方法是根据不同县域的空气质量、水质和绿色程度如森林覆盖率三项指标制定奖励标准，凡是低于标准者，就要付费；优于标准的贫困县，则可以获得财政奖励。这样做，不仅可以提升扶贫脱贫的质量和水平，也将大大提升绿色发展和生态文明建设程度。同样，也可以以国家统计局新近发布的绿色发展和生态文明指数为依据，结合绿色减贫指数应用，制定财政奖励标准。

二是要完善绿色资产定价体系，不断放大绿色资源资产收益和扶贫效应

要让贫困地区的绿水青山真正变成金山银山，建立绿色资产定价体系是关键。

目前针对资产收益制度已经有了广泛探索，但由于没有较为完善的绿色资产定价体系，绿色资产收益还未充分凸显。在实践中，绿色资源的资产化和资本化的市场程度不是很高。贫困地区本来可以通过绿色资源资产股份来分享其资产收益，但在实践中“量化入股”异化趋势明显，部分绿色资源实现“资产量化”后，名义上是入股，实际上是“放贷”，只能享受到设定的“利息”或“股息”。原因就是绿色资源资产化和资本化的定价体系和标准尚未建立，导致了绿色扶贫产业的益贫性比较低，绿色资源的资产化和资本化收益较小。只有完善绿色资源资产化和资本化定价制度，贫困地区绿色资源和绿色资产收益才能充分放大。

探索绿色资源定价机制，尝试建立绿色资产交易平台，开展绿色资产抵押、质押等金融制度，将会充分放大绿色减贫效应，提升扶贫脱贫的质量和水平。

三是要完善和构建贫困地区生态补偿机制，提升绿色减贫效果

结合扶贫脱贫，构建和完善贫困地区生态补偿体系，重点是完善以绿色减贫为核心的贫困县考核机制，以绿色减贫指数评价为依据，建立相对完善的贫困地区生态补偿制度体系，可以从以下三方面进行探索：第一，在资金来源上，应当探索建立多元化的生态补偿机制，从补偿来源、补偿途径、补偿模式等方面进行创新，确保生态补偿扶贫的有效性。第二，在补偿对象上，在满足生态补偿式扶贫的条件下，补偿资金使用可向贫困人口倾斜，对作出生态贡献的贫困群体补偿数额要高于正常补偿数额，这是基于公平的原则。第三，在补偿用途上，可成立专门补偿资金账户，也可以成立绿色产业扶贫基金，进一步提升扶贫脱贫的质量和水平。

提升扶贫脱贫质量的路径和重点

（2018 年 1 月《民生周刊》张琦、张涛）

伴随中国经济已由高速增长阶段转向高质量发展阶段，扶贫脱贫作为2018 年三大攻坚战重要底线和基础之一，也同样将在完成了 2017 年扶贫脱贫任务之后，转入到了脱贫攻坚质量提升的新阶段和最为关键时期。正如经济工作会议所提出的未来三年脱贫攻坚“要保证现行标准下的脱贫质量，既不降低标准，也不吊高胃口，瞄准特定贫困群众精准帮扶，向深度贫困地区聚焦发力，激发贫困人口内生动力，加强考核监督”，而核心就是提升扶贫脱贫的质量和水平。提升扶贫脱贫质量和水平的重点主要体现在以下五个方面：其一，提升产业扶贫质量。其二，提升精准扶贫精准脱贫质量。其三，加大社会保障支持力度，促进乡村公共服务均等化。其四，提高乡村治理水平，促进贫困乡村振兴。其五，积极探索新机制，增强扶贫脱贫可持续性功能。

提升产业扶贫质量和水平是首要任务

提升产业扶贫脱贫质量和水平是提升扶贫脱贫整体质量和水平的关键。实践证明，在一定程度上说，产业扶贫质量决定着扶贫脱贫的质量和水平。那么，如何做呢？笔者认为，首先，产业扶贫结构上需进行调整和升级，提升贫困地区特色产业增收的比例。其次，需要尽可能延长扶贫产业链，提升产业附加值，这是质量提升的基础。再次，就是扶贫产业选择上克服短期化行为，避免很多贫困地区产业扶贫中，因扶贫脱贫任务所迫，就选择短期化的扶贫项目和产业，造成产业发展后劲不足，脱贫的质量低，稳定性差。与此同时，也需千方百计地提升产业扶贫的益贫度和参与度，克服产业发展了，减贫效果低于经济发展速度或者贫困人口的收入和能力提升低于给非贫困人口带来好处的问题。为此，应重点保障和提升目前资产收益性扶贫、股份合作社扶贫中的贫困人口利益，并保障收益的长期性和分红持续性。

进一步提升精准帮扶的质量和水平是重要保障

如何提升精准扶贫精准脱贫的质量和水平？精准扶贫精准脱贫是习近平新时代扶贫思想的精髓，六个精准是其核心要义。提升扶贫脱贫质量和水平的核心就是要提升精准帮扶即六个精准的质量和水平，主要包括驻村帮扶上要在原有基础上提升帮扶队伍的专业化水平和质量，避免驻村帮扶只注意过程而忽视效果的现象，从帮扶干部数量扩大转化到质量提升新阶段，一方面要增加适合当地农村所需行业/职业的帮扶干部和单位，另一方面克服有些单位仅仅考虑是为了完成下达的帮扶干部数量，而忽视哪些干部和单位更适合于帮扶农村所需。另外，在扶贫项目选择上的质量提升问题，扶贫项目一定要是最有效、农户欢迎且对农户有实质性提升的项目，克服目前扶贫脱贫项目短期化倾向导致的返贫隐患。此外，要提高扶贫资金使用效率和精准度，完善最严格的资金使用标准，发挥资金效应的最大化。在脱贫成效上，要从贫困群众的思想观念转变工作抓起，扶智与扶志相结合。脱贫成效考核除收入指标以外，重点考察贫困户的“两不愁，三保障”和贫困户的发展能力以及生活质量，确保脱贫的长效性和可持续性。

加大社会保障支持力度，促进乡村公共服务均等化是基础保障

精准扶贫实施以来，扶贫脱贫的效果明显提升和加快，尤其是收入增长和“两不愁”水平大幅提升，目前存在的主要问题还是集中在基础设施和公共服务质量和水平，也就是乡村公共服务均等化和社会保障的公平化，即未来一个时期扶贫脱贫质量的提高要转化到提升这些公共服务的“软件”方面，从而提升贫困户发展能力以及生活质量，确保脱贫的长效

性和可持续性。因此，强化住房保障和医疗与养老尤其是老弱病残群体则是重点，特别是在大病和慢性病救助保障上的创新探索和老年群体养老模式创新。从医疗和养老方面来说，目前剩余的贫困群体主要是老弱病残，他们最需要的是医疗和养老保障。中央和省份各种医疗保障政策基本上都已经出台了，但是落实效果不是特别好，特别是大病和慢性病的情况。未来一段时期要重点落实医疗救助政策，提高大病救助和慢性病救助标准，探索商业补充医疗保险机制，实现包括新农合在内的“四重”医疗保障。同时加强培训贫困地区和贫困村医疗卫生人员的技能和水平，探索老年群体的居家养老和集中供养等模式，使贫困人群就地就近享受同等医疗和养老服务。

提高乡村治理水平，促进贫困乡村振兴是内在要求

贫困地区的扶贫脱贫更需要融合乡村振兴战略。也就是说在目前驻村帮扶、村第一书记以及驻村工作队等新机制条件下，从未来长远角度出发，以乡村振兴战略部署为遵循，按照“产业兴旺、生态宜居、乡风文明、治理有效、生活富裕”提升贫困地区扶贫脱贫质量和水平。为此就需要提升贫困村的治理能力，完善扶贫治理新机制，提升贫困村自我发展能力，培养一批贫困村的能人和村庄精英阶层，提升村庄的凝聚力，利用实施贫困村整体提升工程的机会，增强贫困地区和贫困群众自我发展能力。乡村振兴战略，精准脱贫是基础，发展产业是巩固成果，建设美丽和谐乡村、强化乡村自治能力是最终目的。这些都离不开人，要依靠农村自身，关键就是增强群众发展生产的信心和参与治理积极性，因此未来在硬投资同时需要增加软投资比例，在扶贫脱贫项目中提升对群众培育自力更生的思想观念文化意识等知识培训，提高劳动脱贫致富传统文化观念意识传承，注重知识教育与传统文化等扶贫脱贫的内在动力机制培育。通过这些措施，群众的思想观念就会发生转变，生产能力就会提高，脱贫就成为必然结果，贫困乡村就能实现真正振兴。

积极探索绿色减贫新路径是提升扶贫脱贫质量的战略选择

积极探索绿色减贫新路径是增强扶贫脱贫可持续性功能、提升扶贫脱

贫质量的必然选择。为此，建议：第一，积极探索绿色减贫财政奖励政策试点。贫困地区往往是生态功能区，大多属于限制开发区和禁止开发区，从而约束和限制了贫困地区扶贫脱贫方式路径和效果，但与此同时，这些地区往往又是空气水和绿色资源及环境较好地区，我们知道，绿色发展生态宜居是社会经济发展进步到既定阶段后的目标追求和必然选择，可以说，构建起绿色减贫的财政奖励制度是大势所趋，积极开展和创新绿色减贫财政奖励政策的新试点，很有必要。一种方法是确定对国家考核的化学需氧量、氨氮、二氧化硫、氮氧化物 4 种主要污染物，制定收费标准，例如按每吨 3000 元标准收取，然后，将此项收入主要用于对环境较好贫困地区的奖励。另一种方法是根据不同县域的空气质量、水质和绿色程度如森林覆盖率 3 项指标制定奖励标准，凡是高于标准者，就要付费，优于标准的贫困县则可以获得财政奖励，这不仅提升了扶贫脱贫的质量和水平，也大大提升了绿色发展和生态文明建设程度。此外，同样也可以国家统计局新近发布的绿色发展和生态文明指数为依据，结合绿色减贫指数应用，制定财政奖励标准。第二，完善绿色资产定价体系，不断放大绿色资源资产收益和扶贫效应。让贫困地区绿水青山真正变成金山银山。目前针对资产收益制度已经有了广泛探索，但由于没有较为完善的绿色资产定价体系，绿色资产收益还未充分凸显。实践中，绿色资源资产化和资本化的市场化程度不是很高。本来贫困地区通过绿色资源资产股份来分享其资产收益，但在实践中“量化入股”异化趋势明显，部分绿色资源实现“资产量化”后，名义上是入股，但实际上是“放贷”，只能享受到设定的“利息”或“股息”，原因就是绿色资源资产化和资本化的定价体系和标准尚未建立，导致绿色扶贫产业的益贫性比较低，绿色资源的资产化和资本化收益较小。因此，只有完善绿色资源资产化和资本化定价制度，贫困地区绿色资源和绿色资产收益才能充分放大。因此，探索绿色资源定价机制，尝试建立绿色资产交易平台，开展绿色资产抵押、质押等金融制度，将会充分放大绿色减贫效应，提升扶贫脱贫的质量和水平。第三，完善和构建贫困地区生态补偿制度，提升绿色减贫效果。

结合扶贫脱贫，构建和完善贫困地区生态补偿体系，重点是完善以绿色减贫为核心的贫困县考核机制，以绿色减贫指数评价为依据，建立相对完善的贫困地区生态补偿制度体系，可在以下三个方面进行探索，第一，在资金来源上，应当探索建立多元化的生态补偿机制，从补偿来源、补偿形式、补偿途径、补偿模式等进行创新，确保生态补偿扶贫的有效性。第二，在补偿对象上，在满足生态补偿式扶贫的条件下，基于公平的原则，补偿资金使用可向贫困人口倾斜，对做出生态贡献的贫困群体补偿数额要高于正常补偿数额。第三，在补偿用途上，可设立专门补偿资金账户，也可以成立绿色产业扶贫基金，提升扶贫脱贫的质量和水平。

习近平扶贫开发战略思想的理论品格

（2018 年 2 月《人民网》张琦、杨增崇）

习近平扶贫开发战略思想是习近平新时代中国特色社会主义思想的重要组成部分，是以习近平同志为核心的党中央在贫困治理领域取得的重要理论与实践成果。十八大以来，习近平总书记在实践中不断推动马克思主义反贫困思想的深化和发展，形成了中国化的马克思主义反贫困理论，彰显着鲜明的时代特征和理论品格。

牢固坚持社会主义的内在价值，继承和发展马克思主义反贫困思想

马克思主义经典作家对广大无产阶级和劳动人民的贫困问题高度关注，反贫困是马克思主义的重要价值向度。马克思主义的产生，很大程度上正是为了彻底解决无产阶级的贫困问题，进而促进人的自由全面发展。马克思主义是关于无产阶级和全人类解放的科学，人的自由和解放，必然包括物质生活和精神生活的充分发展与满足。马克思和恩格斯对贫困的理解，既包括物质生活的贫困，也包括精神生活的贫困。

马克思通过对资本积累的分析，论述了资本有机构成的不断提高和资本主义基本矛盾的发展，深刻揭示了资本主义积累的一般规律，论证了无产阶级的贫困化是资本主义制度的必然产物，从他的思想中也抽象出其关于“绝对贫困”和“相对贫困”的丰富思想。时隔近 170 年后，立足当代中国实际，着眼于全面建成小康社会和让每一个中国人都有人生出彩机会的目标，习近平总书记提出了扶贫开发战略和精准扶贫、精准脱贫方略，

在改革开放40年我国绝对贫困面大幅缩小和相对贫困客观存在的事实基础上，坚持精准施策、攻坚拔寨，最大限度地削减贫困，实现了对马克思主义反贫困思想的坚持、继承和发展。

实事求是，一切从实际出发，在实践中检验扶贫开发的得失成败

与时俱进是马克思主义的理论品质。实践没有止境，认识和创新就没有止境。习近平扶贫开发战略思想正是围绕全面建成小康社会的重大理论和实践问题，着眼中国贫困治理的具体实践，推进减贫理论创新，从而发展出符合中国实际、具有中国特色、体现社会发展规律的减贫理论。

习近平扶贫开发战略思想指出，贫困地区的精准扶贫要从事实出发，着力解决制约精准脱贫的关键性问题，与时俱进完善与创新脱贫举措，真正围绕贫困地区、贫困群众脱贫出实招，不做扶贫的表面文章，不建扶贫的形象工程。要将求真务实的科学精神贯穿到精准扶贫的全过程和各方面，明确任务责任，积极探索、大胆试验，不断研究新情况、解决新问题，在实践中检验扶贫开发和脱贫验收工作的具体成效。坚决防止层层加码、提不切实际的口号指标，防止搞形式主义、搞花里胡哨的东西，杜绝“假脱贫”“被脱贫”“数字脱贫”。

这些思想正是坚持了一切从实际出发，从当前中国扶贫开发的阶段性特征出发，把握了规律性，富于创造性，体现了习近平扶贫开发战略思想的实事求是精神和务实作风，推动了中国脱贫攻坚的进程，助力了全面建成小康社会目标的实现。

秉持不忘初心和使命、勇于担当的政治责任

不忘初心，方得始终。习近平总书记高度重视扶贫脱贫工作，把扶贫脱贫作为头等大事来对待。中国共产党人的初心和使命，就是为中国人民谋幸福，为中华民族谋复兴，为此坚持一切为了人民、一切依靠人民，从群众中来、到群众中去，把人民的利益放在最高位置。习近平扶贫开发战略思想的要义，即在于将我党的初心转化为增进民生福祉的不懈追求，积极投身于扶贫开发，带领全国人民奔小康。习近平总书记多次强调，“全面建成小康社会，最艰巨最繁重的任务在农村，特别是在贫困地区”。

习近平总书记强调，“脱贫攻坚已经到了啃硬骨头、攻坚拔寨的冲刺阶段，所面对的都是贫中之贫、困中之困”，充分体现了其扶贫开发战略思想勇于担当的鲜明表征。这既是对全面建成小康社会、实现第一个百年奋斗目标的担当，又是对近代以来无数先贤对理想社会、幸福生活向往的回应，更是为全人类解决贫困问题提供中国方案借鉴的责任担当，印证着习近平总书记关于“保障和改善民生是一项长期工作，没有终点站，只有连续不断的新起点”的执政理念，践行着“在经济社会不断发展的基础上，朝着共同富裕方向稳步前进”的坚定承诺，彰显着“让老百姓过上好日子是我们一切工作的出发点和落脚点”的价值追求。

坚持群众路线和群众观点、以人民为中心的为民情怀

党的十八大以来，习近平总书记始终强调“在任何时候任何情况下，与人民同呼吸共命运的立场不能变，全心全意为人民服务的宗旨不能忘，群众是真正英雄的历史唯物主义观点不能丢”，提出以人民为中心的发展思想，就保障和改善民生、让改革发展成果惠及全体人民等作出一系列重要论述。

习近平总书记指出：“人民对美好生活的向往，就是我们的奋斗目标。”这种以人民为中心的发展思想和为民情怀，在习近平扶贫开发战略思想中有着重要体现，构成其重要的理论品格。习近平总书记明确表示，“让几千万农村贫困人口生活好起来，是我心中的牵挂”，“‘三农’工作是重中之重，革命老区、民族地区、边疆地区、贫困地区在‘三农’工作中要把扶贫开发作为重中之重”，“对困难群众，我们要格外关注、格外关爱、格外关心，千方百计帮助他们排忧解难”。习近平扶贫开发战略思想坚持发展为了人民、发展依靠人民、发展成果由人民共享的理念，心系民生，心系贫困地区和贫困群众，体现了党的全心全意为人民服务的根本宗旨，体现了人民是推动发展的根本力量的唯物史观，体现了逐步实现共同富裕的目标追求。

坚持与时俱进的创新精神和苦干实干的奋斗精神

习近平总书记扶贫开发战略思想还体现着鲜明的创新精神和奋斗精

神。习近平总书记指出，“脱贫攻坚战的冲锋号已经吹响。我们要立下愚公移山志，咬定目标、苦干实干，坚决打赢脱贫攻坚战，确保到2020年所有贫困地区和贫困人口一道迈入全面小康社会”。在改革开放40年来努力的基础上，围绕当下目标，提高脱贫攻坚成效，“要找准路子、构建好的体制机制，在精准施策上出实招、在精准推进上下实功、在精准落地上见实效”，就必须有改易更化的信心、决心和勇气，强化创新精神和创新意识，咬定目标、埋头苦干。

习近平扶贫开发战略思想深刻认识到扶贫开发是一个不断变化的过程，需要在不断总结各个地区甚至是国外经验教训、动态分析国内扶贫出现的突出矛盾和问题的基础上，持续探索扶贫开发的新规律，创新扶贫开发的新举措。正是源于这种与时俱进的改革创新精神以及苦干实干的奋斗精神，习近平扶贫开发战略思想更具有现实性，更能够发挥变革性的作用。

创新绿色减贫探索致富新路径

（2018 年 2 月《人民论坛》张琦）

大余县在县域治理过程中，注重将社会经济各领域发展与扶贫工作结合起来，创新探索出的绿色减贫模式，为全国其他地方发展提供了可供借鉴的有益经验。

县域资源型城市绿色转型发展的成功典型。大余县在 110 年钨矿面临资源面临枯竭情况下，主动树立“绿色崛起”发展新理念，开拓绿色发展和绿色产业的新路，成功实现了产业转型升级新发展，不仅避免了资源枯竭型城市产业衰败经济衰退导致的贫困，而且走上了从脱贫到快速致富的新路。

产业扶贫绿色化和绿色减贫产业化融合发展的脱贫典范。江西省大余县结合绿色生态资源优势，一方面积极探索产业扶贫的绿色化新路，通过打造“生态＋乡村旅游”“生态＋公益性岗位”等模式，带动贫困户增收致富。已成功打造旅游扶贫示范点 28 处，带动 800 多户贫困户脱贫。另一方面，积极探索文化资源的优势，积极开展和探索出了文化扶贫与致富的新路，将历史文化和红色文化等紧密结合，构建了多层次、多元化的大余文化扶贫新模式。全县共打造了 109 个旅游扶贫产业基地，带动贫困户就业 7990 人，占总贫困人口的 35% 以上。

非贫困县脱贫致富的成功案例。大余县有省级贫困村 22 个，建档立卡扶贫对象 7790 户 24711 人，尽管贫困程度不是很高，但在国家不断加大帮扶力度并取得明显成效时，出现了有些贫困村、贫困户的经济状况、基础设施村容村貌等已经好于非贫困村和非贫困户现象，并因此而出现了新矛盾和新冲突。而大余县则在这方面树立了样板，即依靠自身力量，走产业转型、绿色发展和绿色减贫的致富新路径，真正践行了习近平总书记“绿水青山就是金山银山”的绿色发展新理念和绿色减贫新思想。

新时代，踏上脱贫攻坚新征程

（2018年3月15日《北京师范大学校报》张琦）

记者：请您结合自己的工作，谈一谈您对十九大报告中关于脱贫攻坚、精准扶贫问题的理解。

张琦：党的十九大报告开启了新时代，引领我们踏上新征程。从扶贫来说，扶贫改革有了新的目标和新的任务，同时也踏上了新的征程。报告中除了提出继续坚持精准扶贫、精准脱贫外，还提出了三个比较具体的新要求和新方略，这是脱贫攻坚的重点方向和思路。

其一是，注重扶贫同扶志、扶智相结合。发展的渴望就是“志”、能力就是“智”。物质扶贫是基础，而精神扶贫更重要且更长远。

其二是，坚持大扶贫格局，深入实施东西部扶贫协作。大扶贫格局就是要建立国家、市场和社会融合的扶贫新格局。东西部扶贫协作是指通过东部支持西部，发达地区支持贫困地区。

其三是，重点攻克深度贫困地区的脱贫任务，要把深度贫困地区和深度贫困人口作为脱贫攻坚的坚中之坚。这里深度贫困地区和人口，从国家层面主要是指“三区”、“三州”和三类人群。“三区”指的是西藏、新疆南疆四地州和四省藏区；“三州”是指甘肃的临夏州、四川的凉山州和云南的怒江州；三类人群指的是三个贫困群体，包括：因病致贫人群、因灾和市场行情变化以后返贫的人员及贫困老人和妇女儿童等脆弱群体。

脱贫攻坚、精准扶贫已经成为中国推动实现2030年可持续发展目标议程和面临引领构建人类命运共同体的新任务和新期待。历史已经将中国扶贫脱贫与世界扶贫脱贫相联结，新期待已经将精准扶贫理论和智慧结晶列入了世界扶贫的理论宝库。新期待预示着新责任和新担当，预示着精准扶贫理论和实践创新任重道远。因此，从消除绝对贫困向缓解和减轻相对贫困转变，从主要解决农村贫困向主要解决城乡贫困相融合方向转变，从主要解决国内贫困转变为开始在解决国内贫困的同时，逐步加大构建世界和人类命运共同体的担当和责任。

记者：请您介绍一下经资院近些年服务国家经济发展的研究项目。

张琦：经济与资源管理研究院成立于2001年6月，围绕“面向国家重大需求的新型智库”目标定位，积极开展以经济学为特色和支撑的交叉学科研究。在以前市场经济研究和绿色经济发展研究基础上，目前主要有三个领域：一是基于真实进步指数（GPI）的区域创新发展与绿色发展；二是扶贫与共享发展；三是新兴市场研究。迄今，依托研究院已建成15个国内外科研合作机构，如：联合国工业发展组织－联合国环境规划署绿色产业平台中国办公室、城市绿色科技战略研究北京市重点实验室、创新发展研究院、中国扶贫研究中心等。学院通过科研带动教学，进而又通过科研为国家重大的改革需求提供政策性建议。

从2005年至2010年，为争取我国市场经济地位开展市场经济研究，每年撰写一部《中国市场经济发展报告》，为国家决策和对外贸易谈判提供了基础性资料。从2010年开始，连续6年出版《中国绿色发展指数研究报告》，其中《2015中国绿色发展指数报告》还出现在2016年习近平总书记新年献词视频中办公桌上。与此同时，设在我院的联合国工业发展组织－联合国环境规划署绿色产业平台中国办公室还成功举办中国绿色发展论坛，编制的《首都科技创新发展指数》《亚太城市绿色发展报告》等凸显北师大国际学术影响，为传播中国城市绿色发展经验作出了积极贡献。另外就是以《中国绿色减贫指数研究》和扶贫脱贫机制研究为核心的系列研究成果在国内外产生了重要影响。

2015年以来的明显变化就是，研究院各项工作跃上新台阶，一方面，是研究领域进一步拓展拓宽，研究包含了创新创业研究系列研究成果、真实进步指数研究系列研究成果、中国绿色减贫研究系列成果等多个包含五大发展理念的创新性专项专题研究。另一方面，在保持原有理论研究和政策研究基础上，更加注重提升成果的应用型研究如服务实践的能力研究，首都科技创新发展指数研究，绿色企业标准评价研究、科技创新应用研究等，并取得了丰硕的研究成果。

记者：您是北师大中国扶贫研究院院长，请您介绍一下研究院为服务国家扶贫脱贫攻坚战所做的努力。

张琦：我们从2005年左右就开始作扶贫研究，并参与了国务院扶贫办多项委托项目。学校非常支持和重视，2011年批准成立中国扶贫研究中心。2017年研究批准更名为现在的中国扶贫研究院。

近6年来，我们主要做了这几方面工作：一是承担国家扶贫脱贫重大政策需求项目如国家“十三五”规划前期研究重大课题“十三五完善扶贫脱贫机制研究”，获国务院扶贫办主任批示为制定十三五脱贫规划和目标任务的重要参考；二是连续3年承担完成了国务院扶贫办中国扶贫发展中心委托的《集中连片特殊困难地区区域发展与扶贫攻坚规划实施效果监测》任务；三是首次提出“绿色减贫”的新理念，首次构建了中国绿色减贫指数，连续出版《中国绿色减贫指数报告2014》和《中国绿色减贫指数报告2016》等，在绿色减贫研究方面积累不少成果，成为北师大绿色减贫标志性成果，在国内外产生了一定影响；四是在扶贫脱贫研究基础上，首次构建了“中国共享发展指数”，出版了《中国共享发展指数报告2016》等报告，也属于开创性探索；五是积极开展贫困县考核、监测和第三方评估理论和政策研究，并直接参与了国家贫困县退出的第三方评估工作；六是开展国土资源促进扶贫脱贫研究，围绕土地制度改革、国土资源促进扶贫开发工作，承担了国土资源部委托的多项课题；七是我们先后还承担了国家社科基金重点项目《精准扶贫精准脱贫机制、路径和创新模式研究》和教育部重大攻关项目《贫困治理效果评估机制研究》等。据不完全统计，几年来主持的扶贫脱贫研究项目有50多项。

同时，我们还开展了组织大学生暑期扶贫调研等其他各类关于扶贫研究与实践的相关工作。每年都要率领科研人员和研究生深入我国农村贫困地区、民族地区、革命老区等实地进行调研，将科研与人才培养深度结合起来，努力为国家脱贫攻坚贡献自己智慧，为学校“双一流”建设做出自己应有的贡献。我们还倡导由我校中国扶贫研究院毕业，台湾知名人士徐静慧女士捐资400万设立的“徐金生蔡玉霞伉俪励志成才奖学基金”，主要用于资助北京师范大学扶贫研究和奖励北师大贫困学子10年，支持教育和公益扶贫事业践行北师大“立德树人”优秀品质，体现“学为人师，行为世范”校训精神。

记者：目前两会正在召开，在今年的政府工作报告中11次提及“脱贫”，8次提及“扶贫”，可见国家对于打好脱贫攻坚战的重视和决心。为实现2020年脱贫攻坚的目标，北师大经资院可以为此做出哪些努力？

张琦：扶贫脱贫是两会委员以及新闻媒体关注的重点与热点问题。打赢扶贫脱贫攻坚战必须完成三大重要任务：聚焦典型区域和重点人口，确保全面脱贫攻坚目标完成，这是“打好精准脱贫攻坚战”的必然要求和艰巨任务；注重内力激发和考核评估，确保实现以人民为中心的高质量脱贫，这是“打好”精准脱贫攻坚战的本质要求；提升扶贫脱贫的可持续性，立足长远确保长效脱贫，这是“打好精准脱贫攻坚战”的长远战略要求。全面脱贫是基本，质量脱贫是核心，长效脱贫是关键。

作为北京师范大学从事扶贫研究的机构，积极响应党和国家改革发展重大战略需求是我们义不容辞的责任，更是为北师大建设“双一流”大学贡献力量的应有之义。2016年北京师范大学曾获得由中央农村工作领导小组和人民日报社指导的首届中国扶贫论坛“中国扶贫·社会责任奖”荣誉称号。前不久，2018年2月6日，由上海社会科学院智库研究中心发布的《2017年中国智库影响力评价与排名》出炉，北京师范大学中国扶贫研究院入选“全面小康与精准扶贫”研究议题十大最具有影响力的智库之一，排名第七。这些既是荣誉，也是责任。北京师范大学中国扶贫研究院一定不忘初心，牢记使命，依托经济与资源管理研究院雄厚基础，发挥专业所长，更好地服务人民、服务社会，为打好脱贫攻坚战贡献新智慧，为新时代中国特色社会主义事业作出新贡献。一是要聚焦深度贫困问题，重点做好调研和政策对策研究。二是继续做好扶贫脱贫机制研究，尤其是以扶贫脱贫内生动力机制和思想扶贫，精神扶贫为重点。三是继续做好扶贫脱贫效果评估。一方面，在原有基础上，继续做好中国绿色减贫及系列研究，努力成为北师大扶贫研究的标志性品牌。另一方面，做好扶贫脱贫政策评估和贫困县考核退出评估，完成教育部重大攻关项目“贫困治理效果评估机制研究”。四是要拓展绿色减贫产业扶贫基金和公益扶贫基金研究与应用，在公益扶贫的资本化市场化研究和应用方面期望有所贡献。五是以中国共享发展指数为核心，做好中国共享发展研究，并为构建人类命运共同体的构想做好理论政策研究和国际交流与合作。以北师大中国扶贫研究院为平台，集聚各方力量，努力打造成为服务国家改革和发展重大战略需求的知名智库。

绿色减贫是实现乡村振兴的重要支撑

（2018年3月30日《中国网》张琦）

“绿色减贫是可持续最强的脱贫手段，也是实现乡村振兴的重要支撑。”3月30日，北京师范大学中国扶贫研究院院长张琦在“新时代中国乡村振兴智库论坛”上表示。

张琦指出，党的十九大报告提出乡村振兴战略，既表明农村工作一直是全党工作的重中之重，也对未来较长时期的农村工作指明了具体的方向，即“产业兴旺、生态宜居、乡风文明、治理有效、生活富裕”的总体要求。脱贫攻坚是党和国家对人民的郑重承诺，更是当前农村工作的重点。在未来一个时期，尤其是未来三年，扶贫脱贫与乡村振兴必然相互交织、交汇并存。有必要将脱贫攻坚融入到乡村振兴战略，立足“两个一百年”的奋斗目标，提升脱贫攻坚和乡村振兴的速度和效果。

脱贫攻坚应融入乡村振兴战略

张琦表示，脱贫攻坚和乡村振兴是贫困地区农村发展的两个阶段。立足当下，首要需要打好解决“两不愁三保障”的脱贫攻坚战，重点解决贫困人口最需要解决的现实问题，确保到2020年实现现行标准下农村贫困人口脱贫，确保全国人民一起迈入小康社会。着眼未来，则有必要在脱贫攻坚的过程中，不断提升贫困地区、贫困人口的内生动力，实现贫困地区的可持续发展，确保2020年后，贫困地区的农村能够朝向“产业兴旺、生态宜居、乡风文明、治理有效、生活富裕”发展。张琦认为，在这个意义上，贫困地区的农村在解决当前问题的基础上，应当着眼未来，将脱贫攻坚融入乡村振兴战略，注重贫困地区内生动力提升，不断夯实乡村振兴的基础。

利用乡村振兴战略，提升扶贫脱贫质量

张琦表示，乡村振兴是提升扶贫脱贫质量的历史契机。中央农村会议指出“把提高脱贫质量放在首位”，意味着脱贫工作的重心要从注重脱贫进度向更加注重脱贫质量转变，要实现“打赢”向“打好”的转变。扶贫脱贫既是攻坚战也是持久战。脱贫的速度、数量和质量要服从攻坚战，实现2020年脱贫的目标；也要服从持久战，实现“真脱贫”，能够实现贫困人口长效脱贫、少返贫的效果，贫困人口和贫困地区在未来较长一个时期也能够实现较好、高质量的发展。他表示，乡村振兴战略提出的产业兴旺、治理有效、生活富裕等目标，给提升扶贫脱贫质量提供了一个契机。有必要利用乡村振兴战略，结合贫困村提升工程，在脱贫攻坚的最后三年，继续对贫困村的产业发展、基础设施、公共服务和党组织建设水平等突出短板问题进行综合治理，彻底打通脱贫攻坚的“最后一公里”。此外，还需要注重“扶智与扶志”相结合，提升贫困人口内生发展能力与动力，不断提升扶贫脱贫质量。

实现消除绝对贫困向缓解相对贫困转化，提高和加速乡村振兴的速度和效果

“通过注重缓解相对贫困，不断提升乡村振兴的速度和效果，脱贫攻坚最后三年，既要注重消除绝对贫困，也要缓解相对贫困。”张琦指出，2020年以后，相对贫困问题很可能是制约乡村振兴速度和效果的关键性因素，尤其是会影响农村的社会公平。此外，由于种种原因，在脱贫攻坚的过程中，出现了“造盆景”和“垒大户”的现象，贫困人口内部出现了一些不公平，一些贫困人口的生产生活情况仍然亟待改善。此外，还有一些不是贫困人口但处在贫困人口边缘的人群，由于缺乏相关政策的支持，近几年生产生活情况的改善较慢。张琦认为，有必要尽快探索解决相对贫困问题的措施，尽早形成缓解相对贫困的制度框架。通过解决相对贫困问题，提高和加速乡村振兴的速度和效果，确保乡村全面振兴，农业强、农

村美、农民富全面实现。

绿色减贫是实现乡村振兴和脱贫攻坚双重目标的最有效模式和方向

“绿色减贫是可持续最强的脱贫手段，也是实现乡村振兴的重要支撑，绿色减贫，即通过产业绿色化和绿色产业化，促进贫困地区发展、实现贫困人口脱贫的减贫手段。”张琦说，通过近几年的实践，绿色减贫已经深入人心，旅游扶贫、绿色农业产业扶贫、光伏扶贫、电商扶贫、易地扶贫搬迁等绿色减贫模式成效显著，已经证明了绿色减贫的巨大生机与活力。张琦认为，在乡村振兴和脱贫攻坚双重攻坚战的路上，有必要继续推动绿色减贫实践，在农村形成绿色减贫、绿色发展的总体氛围。通过生态保护和建设，不断改善贫困地区生产、生活条件；通过参与生态工程建设、公益性岗位获得稳定工资收入，实现“家门口脱贫”；通过生态产业发展增加经营性收入和财产性收入，不断提升脱贫质量；通过生态补偿、资产收益，提升绿色资产价值，实现“绿水青山就是金山银山”。

脱贫攻坚不能“小马拉大车”

（2018年4月21日《湖北日报》张琦）

授之以鱼更要授之以渔，树立可持续的扶贫观

记者：当前，全面建成小康社会正处于攻坚拔寨的重要关口，习近平总书记强调扶贫路上不能“小马拉大车”有何深意？“既不降低标准，也不吊高胃口”对脱贫攻坚提出了怎样的要求？

张琦：新一轮脱贫攻坚战，已到后半程，更是冲刺期。难度不断升级、任务更加艰巨，从思想上树立正确的扶贫观是打好脱贫攻坚战的内在要求。尤其是面对年均千万以上贫困人口脱贫的既有成绩，切不可沾沾自喜，要时刻保持清醒的头脑，以正确的扶贫观指导实践。

要始终坚持精准扶贫标准不变，准确把握精准扶贫内涵，树立精准的扶贫观。“扶贫开发贵在精准，重在精准，成败之举在于精准”。步入攻坚拔寨的关键期，领导干部应该紧紧遵循精准扶贫的要求，在供给侧“定制化”，做到“对症下药”，踏实走好精准扶贫的每一步，保证每一个贫困人口稳定脱贫。

防止吊高胃口，随意提高标准，互相攀比等造成新矛盾。“治乱绳，不可急”，如果求成心切，操之过急，也容易违背科学，脱离实际。贫困县和脱贫标准是综合多项指标进行测度而确定的，有其科学性和可行性，考虑了一定的未来发展因素。扶贫减贫任务越往后复杂程度越高、民众的期望也越高。这个关键时候千万不能“把胃口吊得太高”，要克服急躁毛病，要符合标准和质量。坚决防止扶贫脱贫走向过度福利的另一个极端，

避免把脱贫搞成“大锅饭”和“养懒汉”。

解非常之困，当用非常之力。深度贫困村是打赢攻坚战最薄弱的环节，要不断创新扶贫脱贫模式，树立可持续的扶贫观。各地根据自身实际，通过发展产业、易地搬迁、生态补偿、发展教育、社保兜底等开展精准扶贫，要注重扶贫脱贫的长期可持续发展。坚决摒弃“等靠要”的思维，扶贫是干出来的，不是等出来的。以往那种只靠“输血”式扶贫，贫困虽然可以短时间内得到缓解，却不能根除。在授之以鱼的同时更要授之以渔，为脱贫攻坚提供不竭的动力。

把防止返贫和继续攻坚摆在同等重要的位置

记者：“行百里者半九十”。脱贫攻坚已到关键时期，习近平总书记也特别强调，防止返贫和继续攻坚同样重要。脱贫攻坚越往后，难度系数也越大，如何理解习近平总书记提出的将防止返贫和继续攻坚摆在同等重要的位置？

张琦：防止返贫就是要防止脱贫效果出现短期性和脆弱性，从而影响扶贫效果和目标实现。首先，返贫现象是一种正常的现象，可能因贫困自身天然的脆弱性和不确定性，即受到自然环境、基础设施、生活方式等因素的影响，原本脱贫的农户可能因天灾或大病而返贫。这就需要将防灾减灾与扶贫脱贫相结合，建立防灾减灾与减贫相融合的机制，继续做好和加大灾害易发区的易地搬迁扶贫力度，增强基础设施建设和金融保险对灾害损害的影响程度，减少返贫情况发生。

其次，是主观原因造成的返贫。由于扶贫工作中急功近利、目光短视，有的地方出现了虚假脱贫或数字脱贫等乱象。扶贫不是脱贫后就撒手不管了，还要让群众有稳定的致富产业。但有些地区存在的短期化扶贫项目，只有两到三年的扶贫效果，现在收入水平超过贫困线，但到 2020 年后又重新返贫；有些地区为了应对规定时间内的脱贫目标任务，直接采取发钱发物等简单做法，一旦验收评估合格后，这些脱贫户将会面临重新返贫。这就要求更加注重产业扶贫和帮扶项目的持续性和稳定性，避免“用金钱代替宗旨，用实惠代替理想”倾向，防止人为造成扶贫短期化。

缺乏自身努力，“等靠要”的贫困户也容易返贫。思想观念上的革命与产业结构上的革命同等重要。对这类群体，要进行能力提升的帮扶，加大教育、技术技能培训，提升自身生计、发展能力提升。要激活贫困户在产业发展、帮扶项目等方面的参与性，思想上、行动上能够将扶贫脱贫作为自身的责任担当。习近平总书记在《摆脱贫困》中指出，“脱贫致富从直观上说，是贫困地区创造物质文明的实践活动。但是，真正的社会主义不能仅仅理解为生产力的高度发展，还必须有高度发展的精神文明。”如果说，物质文明建设是“硬劳动”，精神文明建设是“软劳动”，则要避免“一手硬，一手软”的倾向。从这个意义上来讲，加大思想和精神扶贫，也是构建贫困地区扶贫脱贫内在动力机制的重要内容之一，是克服自身惰性化和动力机能退化的根本。

从继续攻坚来看，脱贫攻坚越往后难度越大、成本越高。经过几轮的扶贫开发，容易帮扶的那部分对象已经实现脱贫，下一步继续攻坚的贫困对象大多是不容易扶、不容易脱的。尤其是深度贫困地区和深度贫困人口，往往由于特殊的致贫原因，靠传统的扶贫方式难以实现脱贫，成为下一阶段脱贫攻坚的重点和难点。我们绝不能因为赶工期，就降低扶贫要求，甚至搞些扶贫盆景，“扶贫60分万岁”也是一种懈怠思想。截至2020年，扶贫脱贫的目标是必须确保现行标准下的贫困人口全部脱贫，贫困县全部摘帽，同步进入小康社会，绝不让一个人掉队。同时也要清醒地认识到，完成既定任务和实现预期目标的艰巨性、复杂性。从深度贫困群体分布看主要是残疾人、孤寡老人、长期患病者等“无业可扶、无力脱贫”的贫困人口以及部分教育文化水平低、缺乏技能的贫困群众。时间紧、任务重，防止返贫和继续攻坚同等重要，扶贫效率和效果越好，返贫就会越少，脱贫质量才会越高。

脱贫攻坚离不开全社会的共同理解、共同参与

记者：现在，有基层干部和群众反映，给予贫困户的优惠政策不断叠加，某种程度上打破了基层平衡，致使部分非贫困户心理不平衡。脱贫攻坚中的这类问题该如何解决？

张琦：为实现到2020年的脱贫目标，各地分别制定了脱贫的年度计划，并为了保证年度计划高质量完成，在国家的考核评估中获得好评，有

些地区不断加大扶贫力度，加上贫困村可能获得多个部门的帮扶，就出现了帮扶优惠政策的叠加现象，导致贫困村的基础设施、村容村貌、公共服务好于非贫困村，贫困户的住房就业各种扶贫帮扶获得大大超过了非贫困户。尤其是对于贫困户与非贫困户之间差异不大的边缘户和边缘村之间，巨大的帮扶差异和政策落差，造成了心理上的巨大不平衡，甚至一些地方出现了隐藏资产、谎报收入等“争当贫困户”的现象，滋生出新矛盾和新冲突。

我们需要认识到，贫困县、贫困人口按照标准和程序严格识别出来，贫困群体确实更困难，给予更多帮助，社会各界都能理解。脱贫攻坚大量投入，改善了贫困地区基础设施和公共服务条件，客观上也使得非贫困人群受益。现阶段对贫困县、贫困村、建档立卡贫困人口给予更多帮扶，这个原则不能变，不能动摇，还要继续坚持。

针对贫困户与非贫困户之间的不平衡问题，要清查是否存在错评、漏评、错退等情况。弄清矛盾根源，错评清退、漏评补上、错退的继续帮扶。对于贫困县的贫困户与非贫困户、非贫困县的贫困户和贫困县的非贫困户要予以区别对待；对于家庭确实存在一定问题又未及时纳入贫困系统的进行信息收集，采取针对性的帮扶措施。

脱贫攻坚离不开全社会的共同理解、共同参与。脱贫要先立志，立志必脱贫。这个贫，不只是经济上的，同样也是精神上的。要继续做好扶贫开发资源统筹协调、综合平衡，尽量减少差距过大，防止帮扶中产生不公平现象。各方要一起努力，同舟共济，为形成中国特色脱贫攻坚制度体系不断增添亮色。

让乡村振兴成为全党全社会共同行动

（2018年9月《湖北日报》张琦）

各地区各部门要充分认识实施乡村振兴战略的重大意义，把实施乡村振兴战略摆在优先位置，坚持五级书记抓乡村振兴，让乡村振兴成为全党全社会的共同行动。

——2018年7月，习近平总书记对实施乡村振兴战略作出重要指示

不能丢了党管农村工作的传统

记者：习近平总书记在视察湖北时强调“村党支部要成为帮助农民致富、维护农村稳定、推进乡村振兴的坚强战斗堡垒”，对实施乡村振兴战略作出重要指示时强调“坚持五级书记抓乡村振兴”，这些指示精神有何深意？各级党组织及其负责人在乡村振兴战略中应该发挥怎样的作用？

张琦：“五级书记抓乡村振兴”可以从以下几个方面来理解：第一，党的领导是我们体制的优势。中国特色社会主义最本质的特征是中国共产党领导，坚持和完善党的领导，是党和国家的根本所在、命脉所在，是全国各族人民的利益所在、幸福所在。习近平总书记强调“党管农村工作是我们的传统，这个传统不能丢”，就是要确保党在农村工作中始终发挥总揽全局、协调各方的领导核心作用。坚持和完善党对“三农”工作的领导，是实施乡村振兴战略的政治保证。

第二，“五级书记抓乡村振兴”体现中国共产党以民生发展为己任、勇于承担历史重任的责任心和决心。党的十八大以来，党中央坚持把解决好“三农”问题作为全党工作的重中之重，统筹推进城乡协调发展，为经

济社会发展全局提供了基础支撑。党的十九大提出实施乡村振兴战略，是以习近平同志为核心的党中央着眼党和国家事业全局，把农业农村优先发展原则体现在各个方面的重要部署，“五级书记抓乡村振兴”就是把党管农村工作的思想落到实处的重要体现。

第三，“五级书记抓乡村振兴”对坚持和完善党的农村工作提出了更高要求。我们应该清醒地看到，面对新时代乡村振兴的任务和要求，党领导“三农”工作的体制机制、干部队伍、农村基层组织还不能很好适应。习近平总书记指出，要“切实提高党把方向、谋大局、定政策、促改革的能力和定力，确保党始终总揽全局、协调各方，提高新时代党领导农村工作的能力和水平”，为各级党组织抓农村工作指明了前进方向。

“办好农村的事情，实现乡村振兴，关键在党。”2018 年中央一号文件提出了党委统一领导、政府负责、党委农村工作部门统筹协调领导体制，乡村振兴战略领导责任制，中央统筹、省负总责、市县抓落实的工作机制。按照文件的精神，县委书记需要发挥“一线总指挥”职能，党政一把手是第一责任人，省、市（州）、县、乡（镇）、村五级书记都要抓乡村振兴。这就非常明确地指出了谁来领导、谁来负责、谁来落实等问题，各地要真正把乡村振兴作为“一把手工程”，“一把手”抓“一把手”，层层压实责任，才能把美好蓝图变为现实。

干群精诚合作，激发乡村振兴的充沛活力

记者：“坚持五级书记抓乡村振兴”和强调乡村振兴要“坚持农民主体地位”是否矛盾和冲突？如何处理好二者的关系？

张琦：二者既不矛盾也不冲突，本质上是统一的关系。“五级书记抓乡村振兴”，目的是从政策执行层面上，把农业农村优先发展的要求落到实处，行动主体是党组织。而“坚持农民主体地位”是尊重农民诉求，强调调动农民积极性、主动性、创造性。二者虽然在执行主体上是不同的，但目标一致，都是为了实现乡村振兴。

要处理好二者的关系，应当把握两个方面：

一是把乡村振兴作为“一把手工程”。“雁飞千里靠头雁”，只有五级书记把乡村振兴作为“一把手工程”，把责任扛在肩上、抓在手上，才能

避免“三农”工作出现“说起来重要、干起来次要、忙起来不要”的现象，才能真正形成五级书记抓乡村振兴的崭新局面。

二是在振兴乡村过程中，要突出农民主体地位，激发农民内生动力。在实施乡村振兴战略的过程中，发挥党组织的坚强领导核心作用，根本在于依靠农民群众，把农民群众组织起来。在贫困地区的调研中，我们深刻感受到农民的思想转变过程。在开展精准扶贫之前，一些农村地区普遍存在着农民思想保守、怕担风险的问题，加上信息渠道狭窄，接受新知识、新技术的能力差，农业生产效益一直在低水平徘徊，致富大门难以打开。但这并不意味着农民不思进取，缺乏致富渴求，而是缺乏村干部与农户有效沟通的机制。开展精准扶贫之后，困难群众有了“一对一帮扶责任人”，村里有了驻村工作队，有了第一书记，沟通机制通畅，心想到一起，力用到一处，村容风貌和农民精神面貌都在转变。现在一些地方探索“联耕联种”“土地股份合作”“联户贷款”等模式，实际上都是村民和干部共同探索产生的。由此可见，让农民充分参与，干群精诚合作，是激发乡村振兴活力的重要一环。

全社会共同参与，形成共建共赢共享的生动局面

记者：从武汉等地的实践来看，企业家、本土能人、大学生创业者等社会力量参与乡村振兴的积极性很高，也能够产生积极的作用。如何更有力地调动社会力量，让乡村振兴成为全党全社会的共同行动？

张琦：乡村振兴是一项系统而全面的工程，需要全社会多主体、多力量、多机制的介入与协同，全社会广泛参与，乡村振兴才能具备充沛力量。

2016年以来，湖北以武汉市试点起步，大力推广市民下乡、能人回乡、企业兴乡的“三乡工程”，促进闲置资源变创富资本，乡村变“双创”乐园，农民变合作股东。该模式为乡村振兴提供了新思路，具有推广价值。据有关部门统计，目前全国返乡下乡双创人员已有700多万人，其中八成以上从事新产业、引领新业态、探索新模式。这里面包括企业家、大学毕业生、本土能人，也包括很多农村走出去的工商企业界人士、专家学者、文化人才。把更多社会力量、社会资源吸引到农村、留在农村，将对

乡村振兴产生极大促进作用。

如何更有力地调动社会力量?

第一，要树立全社会共同行动的“共建”思想。各级党组织应深刻认识乡村资源的多样性，把自然资源、物质资源、经济资源、信息资源、人力资源纳入乡村振兴的视野，营造全社会共同参与乡村振兴的氛围。要深入发掘各种社会力量，调动各方参与乡村振兴的积极性、主动性、创造性，并加以科学整合，形成“共建”氛围，最大限度提高社会力量的使用效益。

第二，要建立全社会共同行动的“共赢”机制。全社会共同行动牵涉主体多、内容广，再加上乡村振兴本身就是一个涵盖产业、生态、治理等多方面的系统工作，必须积极建立和完善相关的体制机制，为全社会共同行动提供保障。例如，出台鼓励高校和科研机构在乡村建立研发基地、科技平台的相关政策，建立大学生到乡村就业和志愿服务的激励机制，为返乡创业人员提供对接平台等，确保各方力量在乡村振兴中提高获得感和认同感，实现多方共赢。

第三，要开创全社会共同行动的“共享”局面。乡村振兴是新时代做好“三农”工作的总抓手，面临着不少艰难困苦。要从政策层面给予更大力度的倾斜和支持，让基层党组织“有弹药”、让企业和合作社进得去、让广大农民群众有盼头。要通过全社会共同行动形成纽带连接，构建利益联结共同体，最终形成共建共赢共享的生动局面。

教育扶贫的特殊地位和作用

（2018 年 12 月 28 日　教育部　张琦）

教育扶贫是实现精准扶贫的重要路径之一，在扶贫脱贫中取得了明显成效，深受贫困地区的欢迎。之所以这样，笔者认为关键还是教育扶贫在扶贫脱贫中有着特殊的地位和作用。具体表现在以下几个方面。

一、教育扶贫的地位

如期打赢和打好脱贫攻坚战已经成为我国当前最大的政治责任和第一民生工程。“两不愁三保障”作为实现贫困县脱贫摘帽和贫困人口全部脱贫的底线目标也已经成为脱贫攻坚的主要任务，其中保障义务教育是一项重要内容。《“十三五”脱贫攻坚规划》明确提出，“到 2020 年，贫困地区基础教育能力明显增强，职业教育体系更加完善，高等教育服务能力明显提升，教育总体质量显著提高，基本公共教育服务水平接近全国平均水平。”作为贫困地区脱贫治本之策的教育扶贫，是顺利实现脱贫攻坚的重要保障，也是贫困人口脱贫的基本要求，更是实现稳定脱贫的前提条件。

二、教育扶贫的作用和特殊优势

教育扶贫通过弥补贫困地区教育短板以提高贫困人口基本文化素质，发展职业教育以提高贫困家庭脱贫致富内生能力，统筹各类教育均衡发展，阻断贫困代际传递，并最终实现贫困地区稳定而长久的脱贫。充分发挥教育在扶贫攻坚中的基础性、先导性作用，既是当下全面建成小康社会的支撑，也是后小康时期强国战略的需要。

1. 教育扶贫是阻断贫困代际传递的根本之策

习近平总书记多次强调:“扶贫必扶智。让贫困地区的孩子们接受良好教育,是扶贫开发的重要任务,也是阻断贫困代际传递的重要途径”。从贫困的代际传递来看,父辈的人力资本水平是其家庭获得收入的重要因素,上一代所拥有的人力资本、社会资本可能通过代际传递的方式影响下一代。教育为贫困地区的贫困人口实现纵向流动、阻断代际传递提供了可能,许多贫困家庭的子女通过努力提高受教育水平,获得更高的人力资本和社会资本积累,打破了贫困恶性循环的链条。

贫困地区教育具有很强的正外部性特征,它不仅可以斩断贫困的恶性循环链,还能为贫困地区的经济社会发展输送优质的人力资源,有助于加快贫困地区群众增加收入的步伐,为缩小我国居民收入差距发挥重要作用。

2. 教育扶贫是提升扶贫脱贫质量和可持续性扶贫的有效路径

教育不仅是一项权利,同时也是对人们可持续发展能力的投资。不可否认,依赖外部物力投资,在一定时期内,贫困家庭可以获得一定的经济收入增长,但是如果不重视人力投资,人力资本水平得不到提高,外部力量撤走之后,“返贫”现象极易发生,如此一来影响扶贫脱贫质量。

扶贫脱贫的关键是贫困人口能力的提升,不仅包括生计能力,更重要的是发展能力的提升以及适应市场经济发展等综合素质和能力的全面提升,只有这样,扶贫脱贫才具有可持续性,脱贫的质量才会高,才会减少和减低“返贫”现象。因此,从长远来看,要从根本上消除贫困,离不开教育,要将教育作为摆脱贫困的治本之策,提升贫困地区及贫困人口脱贫的可持续性。

3. 教育扶贫是培育贫困人口内生动力的重要内容

扶贫与“扶志”“扶智”相结合,是习近平总书记扶贫重要论述的深刻内涵。“扶志”就是要把贫困农民自己主动脱贫的志气“扶”起来,增强他们脱贫增收的主观能动性。“扶智”就是从农村普通教育、职业教育、农技推广等方面或是通过升学、转换职业等方式实现劳动力转移,或是培育有科技素质、有职业技能、有经营意识与能力的新农民。“扶志”与

“扶智”都要依靠教育扶贫，教育扶贫的成效不仅可以产生经济效益，而且可以产生精神力量。当前为了有效缓解脱贫攻坚过程中的难题，必须激发贫困主体的内生动力，形成可持续发展动力，发挥教育在扶贫开发中关键性作用，把“外部推动”和“内生动力”有效结合，实现“输血”式扶贫向“造血”式扶贫的转变，这样才能真正增强扶贫脱贫的动力源泉。教育扶贫就是营造起扶贫扶志扶智的环境，解决人的素质先脱贫，转变一些贫困人群的“等靠要”观念，引导贫困农民家庭主动发展致富。因此，国家明确了教育优先的战略定位，贫困地区的教育发展和教育扶贫是优先中的优先，得到了国家政策的大力支持，这也是教育扶贫的特殊优势。

第三部分　2017—2018 年中国减贫政策与实践论文选载

少数民族深度贫困地区脱贫的绿色减贫新构思和新路径

（2018 年 3 月论文）

在中国脱贫攻坚深入推进并取得决定性进展的同时，深度贫困地区由于其贫困程度深、扶贫成本高、脱贫难度大，已然成为我国现阶段脱贫攻坚的重中之重、坚中之坚。制定适合少数民族深度贫困地区脱贫的新路径是当前影响中国 2020 年“实现农村贫困人口脱贫，贫困县全部摘帽，基本解决区域性整体贫困问题”目标的难点和重点。少数民族深度贫困地区的脱贫攻坚既要确保完成短期脱贫任务，又要着眼长远实现可持续脱贫和发展，要走绿色减贫之路，因为绿色减贫理念融合了可持续发展、绿色发展与精准扶贫思想，依托少数民族深度贫困地区特有的绿色资源，宏观层面以可持续发展和全面建成小康社会为目标，中观层面以区域协调发展和乡村振兴为目标，微观层面以创新精准扶贫方式和激发内生动力为目标，推进少数民族深度贫困地区实现顺利脱贫。

一、深度贫困理论溯源

深度贫困概念与传统贫困概念一脉相承，同时又是对传统贫困概念和认识的拓展和深化，其强调在物质匮乏、能力缺乏、制度限制、权利剥夺、环境脆弱等方面更深层次或者更持久的贫困，且长期陷入“贫困陷阱”或处于“贫困恶性循环”之中。深度贫困（Deep poverty）又称为极端贫困（Extreme poverty）、严重贫困（Severe deprivation），也有学者认为深度贫困本质上就是绝对贫困（Absolute poverty）。从研究方法看，已经有了较为成熟的贫困测量方法，其中包括贫困发生率、贫困广度、贫困深度、贫困强度、多维贫困（MPI）等一系列指数，而深度贫困是这些指数中特殊极端的一部分。深度贫困一般是贫困发生率较高的地区，我国深度贫困地区的贫困发生率在20%左右。深度贫困也是贫困广度和贫困深度比较严重的地区，涉及的范围更广，贫困持续时间更长、程度更深，如美国深度贫困是指在贫困线一半以下的那部分群体。深度贫困是多种因素、多重维度共同作用的结果，包括收入、健康、教育、地理人文环境等因素，单一收入维度并不能有效解释或者破解深度贫困问题。从研究对象看，深度贫困的对象聚焦于老弱病残妇，如Torill等人研究了加纳、海地、印度、菲律宾和坦桑尼亚等深度贫困农村地区妇女的健康与福祉问题。我国深度贫困重点关注“三类人”：一是因病致贫人群，特别是重病和慢性病群体；二是返贫人群，因灾和市场行情变化产生的返贫者；三是贫困老人，这个群体普遍年龄大、病多、没有劳动力。

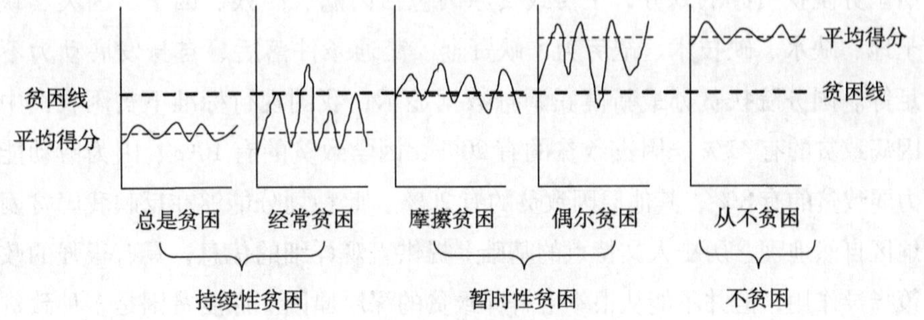

图1　贫困的分类及其图解

从贫困动态学的角度看，深度贫困属于长期、持续性贫困（Persistent Poverty），与短时、暂时的贫困（Temporary Poverty）相对应。短时、暂时性的贫困可能由于自然灾害等重大事件导致其短时间收入或福利水平下降，当出现有利的经济社会因素时这部分群体会很快走出贫困。持续性贫困却不同，其持续时间长、贫困程度深，有时也被称为“慢性贫困”（Chronic Poverty），像一种疾病一样长期存在很难治愈。Hulme（2003年）提出一个五级分类的持续性研究框架，包括总是贫困、经常贫困、摩擦贫困、偶尔贫困和从不贫困（见图1），其中总是贫困和经常贫困划归为持续性贫困，摩擦贫困和偶尔贫困归为暂时性贫困，从不贫困划归为不贫困的范畴。它们之间的区别在于各自与贫困线的差距、贫困持续时间的长短、贫困发生频率等方面有所不同。我国多年的扶贫脱贫过程显示，得益于经济社会发展和扶贫脱贫效应的逐步释放，“容易扶容易脱”的暂时性贫困或者结构性贫困对象已经逐渐摆脱了贫困，但无论是经济社会发展还是扶贫脱贫效应主动释放的涓滴效应（Trickle - down Effect）都是有限的，那部分“不容易扶不容易脱”的持续性贫困或者慢性贫困对象就逐渐被沉淀、被固化、被困于收入和福利的底层，难以走出贫困恶性循环，深陷贫困陷阱难以自拔，处于深度贫困状态。

深度贫困的对象长期处于要素资源极度短缺或者环境极度恶劣的状态，贫困的脆弱性、顽固性较强，脱贫难度大与极易返贫两种属性共存。深度贫困产生的原因复杂，往往是多种因素的综合反应，受经济、社会、政治、文化和环境等因素影响，不能靠解决其中某一因素而一劳永逸。按照国务院扶贫办的划分，主要致贫原因包括因病、因残、因学、因灾、缺土地、缺水、缺技术、缺劳力、缺资金、交通条件落后、自身发展动力不足等。国务院扶贫办最新摸底调查数据显示，我国现行标准下贫困农民中因病致贫的有42%、因灾致贫的有20%、因学致贫的有10%、因为劳动能力弱致贫的有8%、其他原因致贫的有20%。此种划分能够在反映我国贫困地区自然地理、历史人文特点的基础上提供直观详细的信息，具有很强的政策指导作用，但并不能从根本上解释致贫的深层原因。深度贫困是多种致贫因素综合长期作用的结果，破解深度贫困也应理性客观的审视深度贫困的实际情况，结合文化、制度、经济、生态等多维因素探寻有效的脱贫之路。

二、少数民族深度贫困地区脱贫现状及存在问题

习近平总书记在深度贫困地区脱贫攻坚座谈会上的讲话中将我国深度贫困地区分为三类：连片的深度贫困地区（“三区”“三州”）、深度贫困县、深度贫困村。这些地区主要集中在革命老区、民族地区、边疆地区。深度贫困县中有革命老区县55个、少数民族县113个，自然地理、经济社会、民族宗教、国防安全等问题交织在一起，面临市场性、地域性、文化性、生态性和可持续性等的挑战，加大了脱贫攻坚的复杂性和难度。国家

统计局抽样调查显示，按年人均收入2300元（2010年不变价）的国家农村扶贫标准测算，2015年民族八省区农村贫困人口为1813万人，比2014年减少392万人。2015年民族八省区农村贫困人口占全国的比重为32. 5%，比2014年（31. 4%）略有增加，高1. 1个百分点；民族八省区减贫率为17. 8%，全国同期减贫率为20. 6%，民族八省区减贫速度慢于全国；民族八省区农村贫困人口占乡村人口的比重即贫困发生率为12. 1%，比全国（5. 7%）高6. 4个百分点（见表1）。从数据可以看出，民族八省区减贫速度慢于全国，民族地区脱贫攻坚的难度越来越大。

表1　民族八省区与全国分年度贫困人口及贫困发生率

指标		2010年	2011年	2012年	2013年	2014年	2015年
贫困标准（元）		2300	2536	2625	2736	2800	2855
贫困人口（万人）	民族八省区	5040	3917	3121	2562	2205	1813
	全国	16567	12238	9899	8249	7017	5575
	八省占全国比重（%）	30. 4	32. 0	31. 5	31. 1	31. 4	32. 5
贫困发生率（%）	民族八省区	34. 1	26. 5	20. 8	17. 1	14. 7	12. 1
	全国	17. 2	12. 7	10. 2	8. 5	7. 2	5. 7
	八省区与全国对比	高16. 9个百分点	高13. 8个百分点	高10. 6个百分点	高8. 6个百分点	高7. 5个百分点	高6. 4个百分点

第一，少数民族地区深度贫困人口适应现代化发展的能力较弱。少数民族地区深度贫困人口接受现代学校教育有限，难以适应现代化经济发展要求。调研发现，少数民族地区贫困人口普遍只有小学以下文化程度，有些甚至不会说汉语，这严重影响了个人发展。少数民族贫困人口缺乏现代城市化、产业化、工业化、信息化、市场化的劳动力技能培训，这既影响劳动力在当地发展也阻碍了外向移动。如四川、甘肃案例地区没有开展农业实用技术培训和劳务转移培训，湖北、云南虽然开展了各项培训但是满意度不高，云南案例区对劳务转移培训的满意度仅有5. 71%。少数民族地区受文化技术因素影响，产业发展能力受到很大限制。由于少数民族地区特色产业培植不够，农民缺乏稳定增收渠道成为少数民族脱贫面临的一大障碍。地方产业选择未能充分考虑产业发展各环节，缺乏市场开拓、产品更新等可持续发展的能力，导致许多地区出现产业发展刚开始时红火，后

来经营情况越来越差，乃至于难以维系。

第二，对少数民族地区深度贫困的特殊性认识不够。首先，少数民族深度贫困地区历史文化具有很强的特殊性，独特的生产生活方式形成了相对独立的民族文化以及独特的价值观念、道德体系和行为规范，与扶贫脱贫理念很容易发生文化冲突，从而导致扶贫脱贫动力不足、参与性不强、效果不明显。其次，少数民族深度贫困地区适宜生产、生活的空间资源极为有限，因为我国少数民族深度贫困地区大多处在偏远山地、高原、裸岩、岩溶、干旱和高寒阴湿地区，自然灾害频发，基础设施薄弱，贫困户抵御各种自然风险能力较弱。再次，少数民族深度贫困地区的组织管理方式具有很强的特殊性，其传统的“长辈式”“族长式”管理方式在乡村依然有重要影响力。村民代表往往是各家族或氏族最有影响的人，与一些汉族地区村民代表产生方式有一定差别。对少数民族地区的特殊性认识不够，容易导致各类扶贫政策措施脱离实际，往往是通用性措施较多而针对性措施较少，政策的有效性大大降低。

当前各地扶贫脱贫工作的重心主要是基础设施建设、公共服务设施建设、生产生活条件改善方面，对少数民族文化发展的重视程度严重不足，一定程度上忽略了少数民族文化的传承与发展。比如对少数民族地区的梯田、苗药、土司遗址、民俗活动等物质与非物质文化遗产的开发和利用远远不够，缺乏对民族特色文化的充分考量，少数民族脱贫中虽然取得了较好经济效益，但也造成部分民族特色文化的流失。

第三，少数民族深度贫困地区扶贫资金投入不足。资金不足虽然是当前扶贫脱贫工作面临的共同问题，但在少数民族深度贫困地区尤为明显。少数民族深度贫困地区受地理环境等因素影响，物质资本相对匮乏、人力资本相对昂贵、建设拆迁发展难度相对较大，因此对资金的需求更为强烈。如聚居于武陵山区和五溪山区的湖北省苗族地区，发展涉及的各类资金在亿元以上，但由于资金严重短缺，致使一些扶贫项目迟迟不能完成。少数民族深度贫困地区的地方财政缺口较大，在融资渠道较窄的情况下，面临地方资金需求量大与上级拨款有限的矛盾。调研发现，云南、江西、湖南、四川等不少地方的少数民族深度贫困地区地方财政困难，长期入不敷出，脱贫工作的开展与推进大多依靠上级财政扶贫资金和中央专项资金，项目配套资金难以筹措和真正到位，而少数民族深度贫困地区的扶贫项目大多要克服自然地理条件，资金需求要比平原贫困地区大得多，由此一来矛盾更加突出。

三、破解少数民族深度贫困的绿色减贫新构思

破解少数民族地区深度贫困问题既要认清眼前的实际情况，又要着眼长远实现可持续发展。绿色减贫理念融合了可持续发展、绿色发展与精准扶贫思想，依托贫困地区特有的绿色资源，力求实现贫困地区减贫与可持续发展的双重目标。张琦（2015 年）认为绿色贫困可以分为正向绿色贫困、逆向绿色贫困和混合型的绿色贫困。正向绿色贫困是指因缺乏绿色和生态环境保护体系而导致的贫困状态；逆向绿色贫困指拥有丰富绿色资源和自然生态体系，但因交通不便、资源开发及产业发展落后导致的贫困；介于两者之间的即为混合型绿色贫困。我国少数民族深度贫困地区既有正向绿色贫困如西北干旱地区，也有逆向绿色贫困如西南山区及丘陵地区，还有混合型的绿色贫困如四省藏区（青海、四川、云南、甘肃）和西藏地区。无论是正向还是逆向绿色贫困，根本原因还是绿色发展缺失，正向绿色贫困是因为缺乏绿色而导致生态环境恶劣，无法进行绿色经济发展。逆向绿色贫困则是因为绿色资源无法开发以及绿色产业缺失，其共同点都是绿色经济发展缺失或不足。因此，加强绿色减贫才是解决少数民族深度贫困问题的战略选择。

从宏观层面看，绿色减贫以可持续发展和全面建成小康社会为目标，以绿色发展与扶贫脱贫为战略指引，充分考虑人、自然与社会的协调统一发展，是一种包容性、益贫式的增长发展模式。可持续发展战略要求减贫与经济、社会、生态环境实现长期稳定和谐发展，全面建成小康社会战略要求在经济、社会、生态环境方面实现综合全面发展，保证不让一个人掉队。绿色减贫以此为出发点重构了我国扶贫脱贫的动力机制，建立了以环境保护与开发为核心的绿色减贫新范式，从根本上保证了全面、综合、长期、可持续的发展诉求。

从中观层面看，绿色减贫以区域协调发展和乡村振兴为目标，在尊重贫困地区客观现实的基础上，充分挖掘各地区优势绿色资源与本土特色资

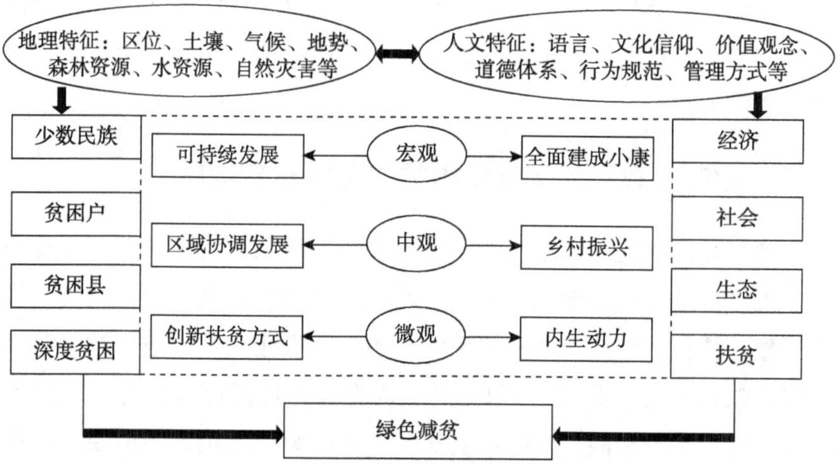

图2　少数民族深度贫困脱贫的绿色减贫机理

源，因地制宜，统筹发展。我国贫困地区区域差异比较大、特征比较明显，要想实现脱贫致富不能一味依靠高速度、高消耗的粗放式发展，也不能单纯追求非均衡的区域发展战略，而要充分认识贫困地区资源禀赋的异质性，利用乡村历史文化、地理区位等特色实现区域优势互补。在以集中连片特困地区为重点的片区县发展中已经进行了统筹区域特色发展的尝试，张琦（2014 年和 2016 年）针对我国 11 个片区进行了绿色减贫指数测度，结果显示我国贫困地区绿色资源丰富、绿色资源贡献度较高。

从微观层面看，绿色减贫以创新精准扶贫方式和激发内生动力为目标，积极探索绿色生态、对接精准且可持续性强的新型扶贫方式，有效提高贫困人口的生活水平。绿色减贫通过绿色、可循环的方式达到减贫的目标，这需要调动各方力量积极参与绿色减贫，尤其对于贫困地区发展绿色产业需要制度、技术、人才等方面的创新与支撑，充分利用太阳能、光伏、低碳等绿色资源。绿色减贫还需要提升贫困地区人们的内生发展动力，综合考虑贫困人口的接受能力、适应能力、掌握应用能力以及竞争能力等，形成脱贫的内源发展机制，增强和激发减贫的内生动力。

四、少数民族深度贫困地区绿色减贫的新路径

绿色减贫作为一项创新的扶贫方式和理念，以认清少数民族深度贫困

地区发展特殊性为前提，以构建绿色产业体系为主要路径，以完善基本公共服务体系为重要支撑，最终实现少数民族深度贫困地区经济、社会、生态协调发展。

第一，认清与重视少数民族地区特殊性是破解少数民族地区深度贫困问题的基础和前提。在制定国家、地区和部门的各类规划时，要充分考虑少数民族地区深度贫困的特殊性诉求，酌情出台仅针对少数民族深度贫困地区扶贫开发的专项规划。要更加注重各类政策措施向少数民族深度贫困地区的倾斜。步入脱贫攻坚期，各类扶贫开发政策要更加侧重少数民族深度贫困地区，特别是在资金支持、物资配备、发展机会等方面重点向少数民族深度贫困地区倾斜，针对不同类型、不同区域的贫困特征，制定差异化的扶贫脱贫政策，采取分类指导的办法，切实提高政策的实施效果，有计划、有步骤、有重点地推进各项工作。要加强对少数民族深度贫困地区的资金支持，拓宽融资渠道，要分门别类设置扶持民族深度贫困地区发展资金，并在一般资金划拨过程中建立专门的款项目录以应对少数民族深度贫困地区脱贫的特殊要求。要加强对少数民族地区深度贫困人口的培训，少数民族深度贫困地区劳动力培训要以充分考虑少数民族文化特殊性为前提，以技能培训为依托，改进和加大针对少数民族深度贫困人口生存与发展能力的培训，增强贫困人口脱贫致富的内生动力。

第二，探索和创新民族自身特色的绿色减贫产业体系是少数民族深度贫困地区脱贫的重要途径。要实现少数民族深度贫困地区的长期可持续发展，必须走一条经济、社会、生态、扶贫共赢的道路。首先要将少数民族的特殊性与绿色产业发展理念结合起来，立足少数民族地区的本土特色，投入专项资金，认真评估、充分挖掘少数民族的风俗、习性与传统，注重对少数民族独特性的保护与传承，在尊重少数民族发展的基础上形成特色鲜明的少数民族产业发展理念。其次是促进少数民族地区生态资源与绿色产业发展模式相结合，以绿色生态资源为依托，推进生态农业与少数民族深度贫困地区旅游、林业、文化、康养等产业深度融合，积极发展生态产业新业态，形成绿色生态产业新体系。由于少数民族地区地理环境、绿色资源禀赋差异大，不同民族、不同区域要根据其绿色资源条件和农业资源禀赋因地制宜发展具有自身特色的产业模式，同时积极对现有绿色生态资源的资产化、市场化和产业化发展进行探索，借助互联网、大数据等现代信息化手段，充分发挥区域绿色禀赋优势和后发优势。三要推动少数民族文化资源与绿色产业发展模式相结合，进一步加大少数民族深度贫困地区文化资源的培养、保护、交流和宣传，充分挖掘少数民族梯田、草药、建筑等的文化潜力，发挥其民族特色资源、历史文化资源、红色革命资源的减贫作用，将文化与绿色产业有机衔接，拓宽少数民族深度贫困地区脱贫路径。

第三，完善基本公共服务体系是少数民族深度贫困地区脱贫的重要支撑。贫困的消除绝不仅仅是收入和资产的增加，更重要的是公共服务的均等化。必须加快基础设施和公共服务设施建设，解决少数民族深度贫困地区外通内联的区域交通通道，推进深度贫困地区交通项目建设；加快实施深度贫困地区重点水源、大型灌区设施建设与节水改造、农村饮水安全巩固提升等水利工程建设；加快推进少数民族深度贫困地区农村电网改造升级和配电网建设；加快实施少数民族农村义务教育薄弱学校改造、基层卫生计生服务体系建设等社会事业领域重大工程，提升深度贫困地区基本公共服务能力。

第四，完善绿色减贫的投融资机制，推进绿色投资精准化是少数民族深度贫困地区脱贫的资金保障。要在少数民族深度贫困地区形成多层次阶梯形资金筹集绿色通道，通过明确的资金筹措、任务划分，提高资金融通和使用效益。与普通地区资金拨付与使用方式不同，要在少数民族深度贫困地区建立多层次阶梯形资金筹集绿色通道，做到专款专用，集中资金建设与开发事关少数民族地区深度贫困的关键项目、主要工程。要加强资源整合力度，形成以扶贫部门为主体联合其他各相关部门组成的联席会议机制，将各部门的扶贫资源形成合力，提高各部门在项目、资金等方面的配合性，为少数民族地区脱贫提供便捷高效的服务。推进绿色资金使用精准化，逐步增强绿色资金的减贫效率，对于有生产条件和能力的贫困农户，直接扶持绿色产业发展项目，按照规定的方式内容和标准补助扶贫资金。

第五，提升少数民族深度贫困人口可持续脱贫能力是扶贫脱贫的落脚点和动力源泉。少数民族深度贫困地区脱贫成效如何最终落脚点在于群众是否获得持续的脱贫能力，绿色减贫作为一种新的扶贫方式和理念，强调赋权和目标群众的广泛参与，以提升少数民族深度贫困人口的可持续脱贫能力。因此，少数民族深度贫困地区劳动力技能的提升要充分考虑少数民族文化特殊性，要以适应需求且能够有实际收效为第一要务，不断改进和加大针对少数民族深度贫困户生存与发展能力的培训，在扶贫项目的选择、决策和实施过程中，要自觉增强深度贫困群众的有效参与，激发深度贫困群众的内生动力，不断完善参与和激励机制，提升绿色减贫政策的群众满意度。

揭开新时代农村发展新篇章

（2018 年 11 月论文）

在我国农业发展史上，土地制度变迁与农村兴衰和农民收入有紧密的联系。我国农村改革就是从处理好农民和土地的关系开启的，每一历史时期的农业政策几乎都以土地为核心。新时代乡村振兴战略要继续将土地作为农村发展的关键要素，深化农村土地制度改革，保障农民的土地权益。乡村振兴战略与城乡统筹、城乡一体化在思路与目标上保持了连续性，重视处理好城市与乡村的关系，促进城乡的共同发展。

一、促进农村经济社会发展的创新性举措

党的十九大报告指出，新时代我国社会的主要矛盾已经转变为人民日益增长的美好生活需要和不平衡不充分的发展之间的矛盾。当前，我国发展不平衡有城乡发展的不平衡，发展不充分有农村发展的不充分。过去，我国发展的重点区域是城镇，重点产业是非农产业，使得资金、人才和技术等资源都集聚在城镇和非农产业，从而导致了城乡在基础设施建设和公共服务供给方面的不平衡以及农村农业农民发展的不充分。目前，农村面临产业发展滞后、乡村治理困难重重、传统文化衰落、教育问题突出以及生态环境堪忧等问题。乡村振兴要解决的，正是乡村发展中存在的这些不平衡不充分的问题。实施乡村振兴战略、加快推进农业农村现代化成为化解社会矛盾的一个必然选择。乡村振兴战略的提出抓住了我国社会矛盾的重点表现、重点区域、重点群体，有利于补齐我国社会发展不平衡不充分的短板，并以战略性构想来增强农业农村发展这个最大的弱项。乡村振兴

战略将使乡村成为我国经济发展的新引擎，成为我国内生的、可持续的内需动力源泉，为化解我国社会矛盾提供新的经济动力。

二、脱贫攻坚战的战略升级版

脱贫攻坚是乡村振兴的首要任务和坚实基础，而乡村振兴战略是巩固脱贫成果的有效保障，是保证贫困群众获得感、满足感和幸福感长期可持续的重要手段，是2020年全面消除贫困后的又一历史性新篇章。

1. 巩固提升脱贫攻坚成效的有效保障

党的十八大以来，党中央高度重视脱贫攻坚工作，以精准扶贫为总抓手，举全党全国之力推进脱贫攻坚，取得了显著成就。乡村振兴战略能够促进“三农”工作的全面部署，继续加快农村政治、经济、文化和生态等各个方面的发展，提高贫困群众的生活水平，促进教育、医疗、住房和社会保障等进一步完善，使脱贫成效更加稳定，确保脱贫攻坚战果更加持久。

2. “后小康时代”乡村发展路径

在一定意义上，可以把乡村振兴看作是脱贫攻坚的升级版。乡村振兴是打赢脱贫攻坚战役，全面消除农村绝对贫困后对我国农村发展提出的更高要求的新目标，为我国农村未来的改革和发展指明了前进的方向。乡村振兴从产业、人才、文化、生态与组织五个方面系统地规划了未来我国农村的发展方向和蓝图，描绘出了“后小康时代”我国农村究竟该如何发展，形成全方位、系统的发展模式。有效衔接乡村振兴与脱贫攻坚，是新时代做好“三农”工作的总抓手，有助于在稳定脱贫的基础上，推动农业全面升级、农村全面进步和农民全面发展。

三、为新时代农村发展作出强有力的制度部署

为确保达到乡村全面振兴的预期目标和效果，乡村振兴战略从组织和制度两个方面对我国农村的发展作出了强有力的安排和部署，为乡村振兴提供了政治保证。

1. 五级书记抓乡村振兴——最有力的组织保证

脱贫攻坚是一场硬仗，乡村振兴更是一场硬仗，并且难度更大，更加

持久。只有充分发挥党组织在乡村振兴战略中的领导核心作用，才能为乡村振兴提供坚强的组织保障，把握乡村振兴的大局和政治方向。习近平总书记对实施乡村振兴特别强调“坚持五级书记抓乡村振兴”。2018 年中央一号文件提出了健全党委统一领导、政府负责、党委农村工作部门统筹协调的农村工作领导体制，建立实施乡村振兴战略领导责任制，实行中央统筹、省负总责、市县抓落实的工作机制。按照文件的精神，县委书记发挥“一线总指挥”的职能，党政一把手是第一责任人，省、市（州）、县、乡（镇）、村五级书记都要抓乡村振兴，明确地指出了谁来领导、谁来负责以及谁来落实等问题，真正把乡村振兴作为“一把手工程”，“一把手”抓“一把手”，层层压实责任，为实施乡村振兴战略提供了强有力的组织保证。

2. 强化乡村振兴制度性供给——最有力的制度保证

实现乡村振兴主要靠体制机制创新。乡村振兴最大的难点就在于如何推动资源要素真正地向农村流动。在市场经济中，要素资源总是流向效率高的地方，向工业和城市聚集。我国目前的现状是农村资源大量流向城市，但城市资源难以流向农村。因此，必须要通过体制机制创新，用“制度性供给”来矫正市场，让资源流动到乡村。乡村振兴战略提出要强化乡村振兴制度性供给，破除一切束缚农民手脚的不合理限制和歧视，清除阻碍要素下乡的各种障碍，以完善产权制度和要素市场化配置为重点，激活主体、激活要素、激活市场，着力增强改革的系统性、整体性和协同性。2018 年中央一号文件围绕巩固和完善农村基本经营制度、深化农村土地制度改革、深入推进农村集体产权制度改革、完善农业支持保护制度、全面建立职业农民制度、建立市场化多元化生态补偿机制、健全自治法治德治相结合的乡村治理体系、创新乡村人才培育引进使用机制以及鼓励引导工商资本参与乡村振兴等方面，部署了一系列重大改革举措和制度建设。乡村振兴所提供的制度性供给，将为我国农村的发展提供制度保证，破除乡村发展的各种阻碍，促进“钱、地、人”等要素向乡村流动，增强乡村的发展活力。

后　记

处于国家打赢脱贫攻坚战这一历史性机遇时期，是我们最大的幸运，不仅体现在我们能亲身的体验这场历史性创举过程，更在于能亲自参与其中并从这场消除绝对贫困的伟大斗争中去学习去思考，点滴写出一些自己体会想法，这是时代赋予我们的使命和责任，更是一名学者应有的担当和责任。

选编到这个集子的是2017—2018年我承接国务院扶贫办中国国际扶贫中心中外减贫信息摘要中每月的一篇月度评论的汇集。加上有关报纸的约稿，最后形成了《中国减贫政策与实践：热点评论（2017—2018）》。

能够完成这些研究成果，得益于社会各界的指导和支持。国务院扶贫办的苏国霞司长、左常升主任、黄承伟主任、陈武明主任、黄艳司长、贾希为副司长、杨练副司长、谭卫平副主任、陈洪波副司长、周晓云处长、王大军处长、罗朝正处长、赵佳副处长、徐丽萍副处长等都给予了专业上的指导和支持，在此表示感谢。

与其说是我个人的文章汇集，还不如说这是我们的集体成果。感谢我的团队——北京师范大学中国扶贫研究院的全体师生，是你们的勤奋和努力，才有了我们今天取得的成绩和荣誉。正是你们出色的表现和高效的工作，才会取得一个又一个成果，在此我要特别感谢大家！这里既有在校的老师和博士硕士研究生，也有已经毕业的博士和硕士们。

由于水平和能力有限，本书中难免存在着很多问题和不足，敬请大家批评指正！

张琦

2019年6月16日